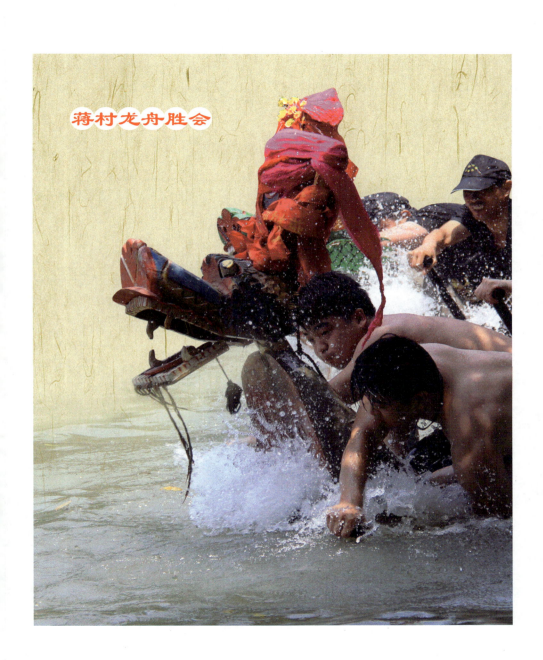

蒋村龙舟胜会

蒋村龙舟胜会

总主编 金兴盛

浙江省非物质文化遗产代表作丛书

浙江摄影出版社

胡志刚 韩 斌 阮有祥 编著

总　序

中共浙江省委书记
省人大常委会主任　夏宝龙

　　非物质文化遗产是人类历史文明的宝贵记忆，是民族精神文化的显著标识，也是人民群众非凡创造力的重要结晶。保护和传承好非物质文化遗产，对于建设中华民族共同的精神家园、继承和弘扬中华民族优秀传统文化、实现人类文明延续具有重要意义。

　　浙江作为华夏文明发祥地之一，人杰地灵，人文荟萃，创造了悠久璀璨的历史文化，既有珍贵的物质文化遗产，也有同样值得珍视的非物质文化遗产。她们博大精深，丰富多彩，形式多样，蔚为壮观，千百年来薪火相传，生生不息。这些非物质文化遗产是浙江源远流长的优秀历史文化的积淀，是浙江人民引以自豪的宝贵文化财富，彰显了浙江地域文化、精神内涵和道德传统，在中华优秀历史文明中熠熠生辉。

　　人民创造非物质文化遗产，非物质文化遗产属于人民。为传承我们的文化血脉，维护共有的精神家园，造福子孙后代，我们有责任进一步保护好、传承好、弘扬好非物质文化遗产。这不仅是一种文化自觉，是对人民文化创造者的尊重，更是我们必须担当和完成好的历史使命。对我省列入国家级非物质文化遗产保护名录的项目一项一册，编纂"浙江省非物质文化遗产代表作丛书"，就是履行保护传承使命的具体实践，功在当代，惠及后世，有利于群众了解过去，以史为鉴，对优秀传统文化更加自珍、自爱、自觉；有利于我们面向未来，砥砺勇气，以自强不息的精神，加快富民强省的步伐。

党的十七届六中全会指出，要建设优秀传统文化传承体系，维护民族文化基本元素，抓好非物质文化遗产保护传承，共同弘扬中华优秀传统文化，建设中华民族共有的精神家园。这为非物质文化遗产保护工作指明了方向。我们要按照"保护为主、抢救第一、合理利用、传承发展"的方针，继续推动浙江非物质文化遗产保护事业，与社会各方共同努力，传承好、弘扬好我省非物质文化遗产，为增强浙江文化软实力、推动浙江文化大发展大繁荣作出贡献！

（本序是夏宝龙同志任浙江省人民政府省长时所作）

前　言

浙江省文化厅厅长　金兴盛

要了解一方水土的过去和现在，了解一方水土的内涵和特色，就要去了解、体验和感受它的非物质文化遗产。阅读当地的非物质文化遗产，有如翻开这方水土的历史长卷，步入这方水土的文化长廊，领略这方水土厚重的文化积淀，感受这方水土独特的文化魅力。

在绵延成千上万年的历史长河中，浙江人民创造出了具有鲜明地方特色和深厚人文积淀的地域文化，造就了丰富多彩、形式多样、斑斓多姿的非物质文化遗产。

在国务院公布的四批国家级非物质文化遗产名录中，浙江省入选项目共计217项。这些国家级非物质文化遗产项目，凝聚着劳动人民的聪明才智，寄托着劳动人民的情感追求，体现了劳动人民在长期生产生活实践中的文化创造，堪称浙江传统文化的结晶，中华文化的瑰宝。

在新入选国家级非物质文化遗产名录的项目中，每一项都有着重要的历史、文化、科学价值，有着典型性、代表性：

德清防风传说、临安钱王传说、杭州苏东坡传说、绍兴王羲之传说等民间文学，演绎了中华民族对于人世间真善美的理想和追求，流传广远，动人心魄，具有永恒的价值和魅力。

泰顺畲族民歌、象山渔民号子、平阳东岳观道教音乐等传统音乐，永康鼓词、象山唱新闻、杭州市苏州弹词、平阳县温州鼓词等曲艺，乡情乡音，经久难衰，散发着浓郁的故土芬芳。

泰顺碇步龙、开化香火草龙、玉环坎门花龙、瑞安藤牌舞等传统舞蹈，五常十八般武艺、缙云迎罗汉、嘉兴南湖掼牛、桐乡高杆船技等传统体育与杂技，欢腾喧闹，风貌独特，焕发着民间文化的活力和光彩。

永康醒感戏、淳安三角戏、泰顺提线木偶戏等传统戏剧，见证了浙江传统戏剧源远流长，推陈出新，缤纷优美，摇曳多姿。

越窑青瓷烧制技艺、嘉兴五芳斋粽子制作技艺、杭州雕版印刷技艺、湖州南浔辑里湖丝手工制作技艺等传统技艺，嘉兴灶头画、宁波金银彩绣、宁波泥金彩漆等传统美术，传承有序，技艺精湛，尽显浙江"百工之乡"的聪明才智，是享誉海内外的文化名片。

杭州朱养心传统膏药制作技艺、富阳张氏骨伤疗法、台州章氏骨伤疗法等传统医药，悬壶济世，利泽生民。

缙云轩辕祭典、衢州南孔祭典、遂昌班春劝农、永康方岩庙会、蒋村龙舟胜会、江南网船会等民俗，彰显民族精神，延续华夏之魂。

我省入选国家级非物质文化遗产名录项目，获得"四连冠"。这不仅是我省的荣誉，更是对我省未来非遗保护工作的一种鞭策，意味着今后我省的非遗保护任务更加繁重艰巨。

重申报更要重保护。我省实施国遗项目"八个一"保护措施，探索落地保护方式，同时加大非遗薪传力度，扩大传播途径。编撰浙江非遗代表作丛书，是其中一项重要措施。省文化厅、省财政厅决定将我省列入国家级非物质文化遗产名录的项目，一项一册编纂成书，系列出版，持续不断地推出。

这套丛书定位为普及性读物，着重反映非物质文化遗产项目的历史渊源、表现形式、代表人物、典型作品、文化价值、艺术特征和民俗风情等，发掘非遗项目的文化内涵，彰显非遗的魅力与特色。这套丛书，力求以图文并茂、通俗易懂、深入浅出的方式，把"非遗故事"讲述得再精彩些、生动些、浅显些，让读者朋友阅读更愉悦些、理解更通透些、记忆更深刻些。这套丛书，反映了浙江现有国家级非遗项目的全貌，也为浙江文化宝库增添了独特的财富。

在中华五千年的文明史上，传统文化就像一位永不疲倦的精神纤夫，牵引着历史航船破浪前行。非物质文化遗产中的某些文化因子，在今天或许已经成了明日黄花，但必定有许多文化因子具有着超越时空的生命力, 直到今天仍然是我们推进历史发展的精神动力。

省委夏宝龙书记为本丛书撰写"总序", 序文的字里行间浸透着对祖国历史的珍惜, 强烈的历史感和拳拳之心。他指出: "我们有责任进一步保护好、传承好、弘扬好非物质文化遗产。这不仅是一种文化自觉, 是对人民文化创造者的尊重, 更是我们必须担当和完成好的历史使命。"言之切切的强调语气跃然纸上, 见出作者对这一论断的格外执着。

非遗是活态传承的文化, 我们不仅要从浙江优秀的传统文化中汲取营养, 更在于对传统文化富于创意的弘扬。

非遗是生活的文化, 我们不仅要保护好非物质文化表现形式, 更重要的是推进非物质文化遗产融入愈加斑斓的今天, 融入高歌猛进的时代。

这套丛书的叙述和阐释只是读者达到彼岸的桥梁, 而它们本身并不是彼岸。我们希望更多的读者通过读书, 亲近非遗, 了解非遗, 体验非遗, 感受非遗, 共享非遗。

2015年12月20日

目录

在杭州西溪腹地河渚，有着这样一个历史悠久的村落，村落的原住民在这里繁衍生息长达千年，成为世居西溪的最大的家族式村落。千百年来，人们与湿地环境和谐共处，发展农业、渔业、桑蚕等符合湿地生态要求的种植、养殖业，并形成了独特的民间习俗，创造了灿烂的农耕文化，留下了丰富的人文景观，这里成为"鱼米之乡、花果之地、文化之邦、旅游之府"。

这个村落，从南宋起就被叫作"蒋村"。蒋村人所创造的民间习俗、农耕文化、人文景观的核心乃至灵魂，便是令人叹为观止的龙舟胜会。蒋村龙舟胜会是蒋村地区自古就有的，在端午节期间进行划龙舟、赛龙舟及相关民俗活动并逐步演绎、融合而形成的民间文化艺术集成，因其鲜明的地域性、广泛的群众性、内容与形式的独特性而成为中华龙舟文化大观园中的一朵亮丽奇葩。

无疑，蒋村龙舟胜会是蒋村民间习俗的集大成者，亦是千年蒋村优秀传统文化的代言人。随着经济的发展、社会的进步和人民生活水平的提高，蒋村人越来越感受到祖先留下的传统文化的魅力，越来越重视并追求精神世界的丰富。而对地方政府来说，因势利导传承和弘扬优秀的民间传统文化，提升文化软实力，是高水平建成小康社会不可或缺之重要抓手。随着西溪综合保护工程的实施，随着蒋村文化传承的核心——蒋村人尤其是年轻一代蒋村人的身份、职业和生活环境的巨变，蒋村龙舟胜会的传承正遭遇历史性的挑战。我们必须花大力气收藏和保护蒋村龙舟胜会遗产，宣传、弘扬和发展蒋村龙舟文化，从而使蒋村龙舟胜会在娱乐群众、教育群众、团结群众中发挥应有的作用，在巩固"中国民间文化艺术之乡"创建成果、提升蒋村文化软实力中发挥应有的作用，在宣传推介新蒋村、促进蒋村社会经济发展、高水平建成小康社会中发挥应有的作用。这是蒋村街道党工委和办事处竭力推动本书编写的用意所在，也是蒋村广大干部群众对本书寄托的希冀所在。

本书编撰工作发起后，由蒋村街道党工委牵头，街道办事处实施，邀请了有关专家和蒋村当地热心龙舟胜会的民间人士，在深入调查、采编、挖掘、整理相关史料的基础上，对蒋村龙舟胜会的起源、发展、特点进行了较为严谨的研究，把当地老百姓口口相传的龙舟胜会故事加以整理、完善成文，并在蒋村人拆迁搬家的时候征集了一批具有代表性的民俗实物，这些将会在本书中一一呈现。

2011 年，蒋村龙舟胜会被列为国家级非物质文化遗产，这将对蒋村龙舟胜会的传承起到巨大的推动作用，是蒋村龙舟胜会发展史上的一个里程碑。本书的出版对蒋村龙舟胜会来说，无疑又是一个里程碑式的节点，将对蒋村龙舟胜会的传承、蒋村非遗文化的普及带来更为深远且积极的影响，对蒋村小康社会的高水平建成起到不可替代的作用。

谨以此言为序，并借此机会向支持、关心、帮助本书编撰工作的蒋村街道历任领导、分管同志及各位朋友表示衷心的感谢。

蒋村街道党工委书记　胡志刚

2016 年 10 月

一、概述

蒋村龙舟胜会是蒋村地区自古就有的，在端午节期间进行划龙舟、赛龙舟及相关民俗活动并逐步演绎、融合而形成的民间文化艺术集成，因其鲜明的地域性、广泛的群众性、内容与形式的独特性而成为中华龙舟文化大观园中的一朵奇葩。

一、概述

蒋村是世居于西溪腹地河渚的最大的家族式村落，繁衍生息至今已逾千年。蒋村之于西溪，就像杭州之于西湖。蒋村人赋予西溪以灵魂，使西溪得到耕耘，让西溪变得生动；而西溪也给予蒋村以滋养，使蒋村物产丰富，让蒋村声名远播。千百年来蒋村与西溪和谐共处，擦出的最绚丽的火花，便是"花样龙舟，深潭胜会"。

［壹］千年蒋村

蒋村地处杭州城西，距市中心约 6 千米，坐落于西溪国家湿地公园的核心区域。它东临西湖区文新街道，南接西湖区留下街道，西靠余杭区五常街道，北至余杭塘河，总面积 14.5 平方千米，下辖 8 个社区，11 个股份经济合作社，现有常住人口 2.84 万人、外来人口 4.6 万人。

民间相传，唐时有蒋姓人家由太湖流域乘渔船南下，经运河进入西溪境内，于此地开垦荒地，捕捞鱼虾，繁衍生息，在河渚（今蒋村）一带定居下来。北宋宣和二年（1120）秋天，方腊起义期间，蒋氏家族父子、兄弟及其他村民捐献资产、组织力量，阻抗方腊军于赭山（今杭州市萧山区赭山镇），蒋士良和他的六个儿

子在战斗中牺牲。从此，蒋
家由蒋崇仁（人称"蒋七郎"）
主持，他带领八弟崇义、九
弟崇信继承父辈传统，力耕
致富，乐善好施，美名闻于
乡里。

南宋咸淳三年（1267），
朝廷颁发诏书，赐庙额"广
福"，追封蒋崇仁为孚顺侯、
蒋崇义为孚惠侯、蒋崇信为
孚佑侯，祀为兴德坊土谷神。

蒋氏后裔便集资在西溪筹建蒋家祠堂，称蒋相公庙、蒋公庙。后
来，蒋公庙的四周陆续出现了许多寺庵。由于蒋公庙的建设与祭
祀活动，蒋氏后裔聚居地——蒋村——声闻远近，日益繁盛。明
万历时，杭州在城内设坊，在郊区设隅，在农村设乡，在乡下设
里。当时钱塘县城下辖十一坊十八乡，蒋村属履泰乡七里。

明清时期，由于人口的增长，蒋村附近形成了不少以地形地
貌命名的自然村，或称村，或称埭，或称庄，或称兜，或称港，
或称滩，或称门，不一而足。这些自然小村落都以姓氏为名，如
包家埭、徐家埭、义家埭、段家埭、洪家埭、吴家门、沈家门、

魏家兜、蒋家兜、张家村、周家村、骆家庄等。一般的自然村，平均住户有一二十户；而以蒋姓后裔为主的河渚约有方圆二十里、几百户人家，已是一个大村庄。大约到明末清初，由于经济与文化的发展，河渚蒋村一带形成了农村贸易集市——蒋村市集，蒋村也逐渐形成了以河渚商贸集市为中心的发展格局，不仅商贸经济发达，而且人口众多，是杭州西郊的重要村落。这时的蒋村，已经分为南村与北村了。

清宣统二年（1910），钱塘县分为县城和江干、湖墅、西湖、上泗、调露、钦履、瓶窑七个乡，蒋村属钦履乡。民国时建立蒋邱乡，隶属杭县管辖，1949年 5 月属杭县三墩区管辖。1950年 5 月调整行政区划，隶属留下区，后为留下人民公社。1958 年 10 月属上泗区东岳管辖。1961 年 3 月建立蒋村人民公社。1984 年恢复蒋村乡建制，后又划属余杭县三墩区管辖。1992 年改建制为三墩镇人民政府蒋村办事处。1996 年 5 月划归西湖区，成为西湖区蒋村街道办事处。1997 年撤办事处，建立蒋村乡。

杭县县境图

2007 年撤乡，建立蒋村街道办事处。

[贰]一方水土孕育一方文化

蒋村可远眺老和山、北高峰、小和山层岭逶迤、峰峦叠翠，也可近赏柿林修竹、曲河清水。这里植被保存完好，芦草鸥鹭相映成趣；大树围合，多是当地乡土树种。蒋村人聚居地山环水抱，草木葱郁，河道纵横，池塘密布，是一处不可多得的原生态湿地。辖区内的西溪与西湖、西泠并称"三西"，共担杭州"天堂"美名。

常言道，一方水土养一方人。对蒋村西溪而言，这一方水土还造就了罕见的城市湿地景观，孕育了独特的地方风俗文化。蒋

蒋村乡时期的西溪村落

村西溪一方面生态环境优美，物产丰富，宜耕宜居，另一方面陆地面积少，陆路交通不便，以船只为主要交通工具，不易受外界侵扰，因此成了许多文人墨客理想的隐居地。历史上，这里的人文气息十分浓郁，人文遗存蔚为大观。

　　明清时期，大批文人学士、退隐官员等移居河渚蒋村，促进了蒋村文化教育的发展。移居西溪河渚蒋村一带的，以钱塘、仁和两县的文人、学士和退隐官员为多，此外还有来自余杭县、余姚县及外省如直隶柏乡、江苏太仓的。他们的移居，不仅改变了蒋村人口的成分结构，还为提高蒋村的文化教育水平打下了良好的基础。不少文人在蒋村创办私塾社学，教书育人，还有的从医贷药，治病救人。有的文人爱好藏书，如清初孙之骆，家有藏书数万卷；又如明代蒋灼，与杭州文士田汝成是好友，他们相互酬唱，促进了城乡文化的交流。

当时一大批文人学士隐居蒋村西溪，在这里耕作、生活、挥毫、畅游，留下了足迹，留下了美文，留下了大量的人文景观。这些人文景观与湿地生态相融合，逐渐形成了著名的西溪景观群。西溪湿地建寺庵始于唐宋，盛于明清；寺庵的规模多数不大，但数量之多是空前绝后的，粗略统计超过一百处。其中最负盛名的是秋雪庵、茭芦庵、曲水庵等十余所，是文人雅士游览西溪湿地必到之处。这些寺庵周围形成许多生态胜景，又以秋雪八景、曲水八景尤受喜爱，赋诗最多。在蒋公庙的四周，就是古蒋村之地，也建有十余所寺庵，如集福庵、水香庵、圣庙、鹿苑庵、新庵、慈觉庵、瑞云庵、潭影庵、生生庵、护生庵、云溪庵等，不仅是佛门之地，也是文人学士聚会创作的诗文社团所在地。这就使得西溪湿地中寺庵的性质起了变化，树立起西溪寺庵独有的人文特征，成为西溪湿地风光的核心价值。

以上种种，为蒋村龙舟胜会的形成、发展和盛行创造了必要而充分的条件。龙是神话传说中的神兽，是中华民族的图腾，它神通广大，能吞云吐雨，也能一口喝干江河之水。划龙舟是中国

西溪湿地建筑群

西溪湿地开发前蒋村风貌

人的普遍传统习俗，蒋村一带多水，又怕涝，老百姓对龙王保佑不受水灾有更迫切的愿望；同时蒋村的船又多，在农闲时将普通船只装扮成龙舟十分便利，对划龙舟自然就有特深的情感、特殊的兴趣和特别的执着。因此，祭龙王、划龙舟风俗在蒋村就有了形成和延续的理由，再加上西溪美景的映衬、众多西溪名人的颂扬，蒋村龙舟文化的日益繁荣成为必然。

［叁］龙舟胜会四海扬名

如前所述，正是得益于蒋村西溪所独有的天时、地利与人和，划龙舟习俗代代相传，从古至今，从未间断。

蒋村地区自古河港纵横，水网密布，每至入夏，都会遭受西来山洪的侵袭。因此，人们在入夏之际供奉龙王，将其恭请下船，巡游河港，求其不发大水肆虐水乡，伤及河田。一方面，划龙舟习俗与蒋村的请龙王下船巡游活动相结合，形成了蒋村龙舟独特的装扮方式。其特点就是在划龙舟前将龙王（龙头）请到平时用

蒋村人以舟楫出行

于生产和生活的船上，从而成为"龙船"；划龙舟结束后又将龙王请回家中供奉，船只就又可以用于生产和生活了。另一方面，划龙舟习俗与蒋村西溪的地形地貌相结合，形成了特色鲜明的龙舟文化。蒋村河道纵横且河面不宽，不利于众多龙船一起竞速，蒋村人便独创了不重速度而重技巧和表演的竞渡方式。至南宋时，蒋村划龙舟习俗已经雏形粗具，独成一派。

明朝曾任刑部尚书、工部尚书、左都御史的洪钟于正德七年（1512）告老还乡，见家乡水患不去，便带领乡亲修筑西溪大塘，疏浚沿山河、余杭塘河，开挖闲林港、何母港、五常港、御林港和紫金港，西溪水患从此杜绝。洪钟对蒋村西溪的治理，为蒋村

"龙舟胜会"石碑

龙舟习俗的进一步盛行创造了重要条件。疏浚后各条河港四通八
达，促进了河渚周边各村龙舟队之间的相互交流，各村的龙舟也
能很方便地往来聚集。每年农历五月初一，村民自发请龙王，供
龙王，吃龙船酒，谢龙王，挨家挨户讨馈；到了五月初五这天，
远近各村的大小龙船都汇集到西溪深潭口，举行龙舟竞渡大会。
于是，被称作"胜漾"的风俗渐渐形成了，"蒋村龙舟"也声名
鹊起。

唐、宋、元、明、清各代帝王，均有临水观看龙舟赛的习惯。《旧唐书》中记载，穆宗、敬宗均有"观竞渡"之事。《东京梦华录》卷七记载，北宋皇帝常于临水殿看金明池内龙舟竞渡，其中有彩船、乐船、小船、画舫、小龙船、虎头船等，还有长达四十丈的大龙船，张择端《金明池争标图》即描绘此景。明代帝王在中南海紫光阁赏龙舟，看御射监勇士跑马射箭。清代在圆明园的福海举行龙舟竞渡，乾隆帝、嘉庆帝等都曾前往观看。

据民间传说，乾隆皇帝闻得蒋村龙舟的盛名，特意在端午节这天来到西溪深潭口观看龙舟竞渡，看得高兴，欣然御封河渚蒋村深潭口的龙舟竞渡为"龙舟胜会"。蒋村龙舟因此盛名远播，划龙舟活动也空前蓬勃。有诗曰："涛波竞舟庆丰年，河渚破浪祈社安。"从那时起，"龙舟胜会"便成为蒋村龙舟的金字招牌，一直沿用至今。

对于"龙舟胜会"一词的含义，后人曾有不同的阐释。有人

20世纪80年代的"胜漾"场景

说是由"龙舟盛会"演变而来，甚至有人说是"龙舟盛会"的笔误。其实不然。"龙舟盛会"只是一场龙舟赛会而已，而蒋村的"龙舟胜会"则是指这里的龙舟盛会胜过了庙会。古时，庙会是民间规模最大、节目最丰富、老百姓最欢迎的聚会，乾隆褒奖蒋村龙舟会虽不是庙会却胜似庙会，传达出蒋村深潭口龙舟竞渡那精彩、壮观、热闹而又生动的神韵，点出了蒋村龙舟会的鲜明特色。如果只是理解成"龙舟盛会"，那就毫无特征、索然无味了。

村民争观龙舟胜会

蒋村乡时期，各地龙舟赶来参加龙舟胜会

二、蒋村龙舟的造型与制作

蒋村龙舟精妙多样，有满天装龙舟、半天装龙舟、赤膊龙舟等。龙舟制作是一项复杂而精细的系统工程，从设计、选材、劈板、拼接到上漆、装饰、试水，工序繁多，费时费力。

二、蒋村龙舟的造型与制作

我国各地龙舟式样很多，有大有小，有长有短，有文有武……蒋村龙舟也是精妙多样，有满天装龙舟、半天装龙舟、赤膊龙舟、儿童龙舟、泼水龙舟等。其中为数最多的是赤膊龙舟，每个自然村或行政小组至少有一条，多的有两三条。

蒋村龙舟的造型、结构、装饰、音乐等别具一格，特色鲜明。满天装龙舟和半天装龙舟统称彩龙舟，属于观赏性龙舟。满天装龙舟花板多、木架多、装饰多；半天装龙舟旗装多，花板相对较少，但也是雕栏画栋，富丽堂皇。赤膊龙舟没有牌楼、花板、大小凉伞等装饰物，只有一个龙头和几面简单旗帜，划手上身一丝不挂，赤膊划龙舟。无论何种龙舟，后面都跟随一条小船，称避艄船，也称讨飨船。

蒋村龙舟，一看船体装饰齐全，二看划手力强桨齐，三看浪高船稳，四看踩艄者气长力强，五看船行速快，六听音乐无杂。

[壹]蒋村龙舟的造型

一、满天装龙舟

蒋村俗话说"富丽堂皇满天装"，一语道出满天装龙舟作为彩龙舟的特点。彩龙舟作为龙舟竞渡的指挥船，蒋村只有两条：一条担任"总指挥"，花板多，旗帜少，称"满天装"；一条是简装版，花板少，旗帜多，叫"半天装"。据传，古时蒋村西溪地区好比是杭州的东海，满天装龙舟就是从当年这个地区的海船演变过来的。

满天装龙舟

1. 整体造型

满天装龙舟整体长9米左右，两头稍尖而上翘，中间宽大，后船头比前船头高约50%，呈神龙摆尾之势。船形像一条鳊鱼，表面用彩漆画出龙鳞，塑造出龙形，中舱分上下两层，是根据古代官府龙舟式样制造的。

2. 龙头

（1）大小：龙头由整块木头雕刻而成，一般长100厘米、高50厘米，有两根龙须。龙头左右对称，因在划龙舟时直接与水接触，故要上底漆及红、绿、白、黑、蓝各色彩漆，绘出穿云驾雾、翻江倒海的风采。龙头下有一块石刻的牌匾，上书"蒋村龙舟胜会"。

（2）龙颈（俗称"龙头拐"）：长100厘米、粗20厘米，表面雕有龙鳞纹。龙头套在龙颈的橹尚上，可左右摆动而不会掉落。

（3）锦鸡：龙头上落有一只高80厘米的锦鸡，以喻凤凰。

（4）龙太子：龙颈后30厘米处有一个太子形象木雕，高约1米，头戴紫金冠，冠帽两边分别插一根凤翅，手执令旗，身穿黄马褂。

3.龙尾

船后艄的龙尾长2米，上面还挂着一面蜈蚣旗。当地人认为锦鸡和蜈蚣都是吉祥物，具有驱邪避灾的功能；也有传说认为龙怕蜈蚣（晋代葛洪《抱朴子》中有蜈蚣是龙的镇物的说法），若没有蜈蚣旗，满天装龙舟就会行驶不稳，有了此旗便

龙头、龙颈、锦鸡

龙太子服

龙尾

能鞭策龙舟勇往直前。

4.龙门牌楼

满天装龙舟有前后两座牌楼。前面一座是龙门雕花木牌楼，顶部盘旋着两条黄龙，正中间为"龙门"二字。雕栏安装在龙舟的左右舷，其上雕有精美的纹饰及各种人物形象，中间是插各式旗帜的架子。

龙门牌楼

5. 花板

前舱两边呈"人"字形装着雕刻人物图案的护栏花板两块。花板分上下两层，第一层船体有一层花板，第二层船体有两层花板，分置于船舷两侧，共42块，主要雕刻《封神榜》《西游记》

花板

《八仙过海》《三国演义》《水浒传》等老百姓耳熟能详的故事，画面生动，人物栩栩如生。

6.六角香亭和秋千架

船舱中设有双层六角香亭一座，内供高约26厘米的老龙王。老龙王双目炯炯，衣袂飘飘，双手互握，手执朝牌，喻意坐着龙舟去上朝。龙王能兴云布雨，更能保佑人间风调雨顺。前牌楼与六角香亭之间装有一个秋千架，中间隔穿着6个稚童木雕，通过一抽一收，6个稚童会跟着转动、翻跟头，象征着龙子龙孙代代相传、人丁兴旺。

7.十八般兵器

船体上层两边插有刀、枪、剑、戟、斧、钺、钩、叉、鞭、锏、锤、戈、镋、棍、槊、棒、拐、流星锤等18种兵器，每件长约36厘米，象征着龙王的威严。

六角香亭和十八般兵器

8.船体表面装饰

满天装龙舟的船体表面画有龙鳞（俗称"龙厣儿"），后舱两旁圆圈内常画有龙凤图案或"姜太公钓鱼""和合二仙"图案等。"姜太公钓鱼"寓意百废俱兴、贤才待用、贤能执政、大业隆盛。"和合二仙"是中国民间的喜神，一位手持荷花，另一位手捧圆盒，盒中飞出五只蝙蝠。他们相亲相爱，笑容满面，手持的物品件件都有讲究，荷花是并蒂莲，盒子象征"好合"，而五只蝙蝠则寓意五福临门、大吉大利。

十八般兵器（部分）

和合二仙

9.桨板

（1）桨板装饰：正面写着"龙舟胜会"；背面写着龙舟所属地，如"蒋家斗""石塘角"等。

（2）标配桨板：每条龙舟标配划桨十把，另有备用桨若干。头档的划桨最长、桨干最短，二档、三档、四档、末档的划桨桨板依次渐大。满天装龙舟的划桨频率较低，船速也不快，行进时占据最佳位置，其他龙舟都要让行，突出其"老大"的地位。

（3）大刀桨：船尾配有两把用于掌舵的雕刻龙纹的大刀桨，左右各一

大刀桨

把，左为"避艄桨"，长 3.5 米左右，右为"踩艄桨"，长 400 厘米左右，是满天装龙舟所特有。以前蒋村当地百姓要在避艄桨上书写吉祥话，如"风调雨顺""国泰民安""龙跃深潭""凤鸣南山""龙飞凤舞""端阳吉庆""端阳佳节""端阳竞渡""龙舟胜会"等。

10.旗幛及华盖

（1）旗幛

满天装龙舟装饰豪华，周围插着龙大旗、三角旗、飞虎旗、大帅旗、门枪旗等共 55 面。

龙大旗：共 4 面，长 180 厘米、宽 130 厘米。船后两侧彩色锯齿边三角龙大旗 2 面，船尾锯齿边乌龙三角旗 2 面，双面绣龙，边上有飘带。

小三角旗：共 28 面，长 50 厘米、宽 35 厘米。船体分 5 档，每档每侧 2 面小三角旗，左右两侧共 20 面；龙头后面两侧共 8 面。单层双面绣，内绣前龙后凤、人物、牡丹或乌龙；颜色分红、绿、蓝、白四色，配有飘带。在行驶途中，彩旗飘扬，煞是艳丽。

龙大旗

飞虎旗：共 12 面，长 32 厘米、宽 25 厘米。长方形，白色，单层双面绣飞虎。

小三角旗

大帅旗：1 面，长 82 厘米、宽 62 厘米。双层绸缎带流苏，正面是"龙王朝圣"图案和"龙舟胜会"字样，背面有"帅"字，围以双龙戏珠图，两边绣"八仙

飞虎旗

过海"图。

门枪旗（俗称"小帅旗"）：共10面，宽20厘米、高50厘米。正面绣"龙舟胜会"，背面绣"国泰民安"等字样，下挂流苏。

（2）华盖（俗称"大小凉伞"）

满天装龙舟在船头、舱中及

大帅旗（正面）

大帅旗（反面）

门枪旗

舱后配有华盖3顶，俗称"大凉伞"。华盖直径在1米左右，一般是红、黄、绿、黑四色，置于龙舟的中轴线上，上面绣着人物及"福""禄""寿""禧"等吉祥字样。顶部有人物雕像一座（如《水浒传》人物像、《西游记》人物像等），高20厘米，底座直径3厘米。另有"小凉伞"14顶，其中2顶在前舱龙头后面，其余12顶分列船舷两侧，分六色（红、绿、青、黄、粉红、蓝），直径26厘米，挂18厘米长网苏。刺绣内容与"大凉伞"相仿，大多是传说故事、历史人物等。

华盖

华盖铺展图

小凉伞铺展图

（3）横幅和欢门

满天装龙舟后舱有横幅1块，中船舱配欢门1副，横幅和欢门下方都有搭配网苏。

半天装龙舟

二、半天装龙舟

有道是"彩旗飘飘半天装"。半天装龙舟是满天装龙舟的简化版，大多由蒋村当地的大农船改装而成，船身低，无彩绘，船头无龙太子，船尾无三角旗，花板比满天装少，旗幛比满天装多。半天装龙舟是龙船中的"老二"，亦称"九千岁龙舟"。

1.整体造型

半天装龙舟前船头平头带羊角，后舱抬高，与前船头基本持平。分前、中、后三舱，船身总长大约8.3米，其中前羊角伸出18厘米，船体最宽处约为148厘米，实际造型由船匠根据具体情

龙头

花板

桨板正面

桨板背面　　　　　踩艄桨和避艄桨

况适当调整。龙头长65厘米、高35厘米左右。半天装龙舟的两边也插有十八般兵器，大小跟满天装龙舟一样。

2.桨板

半天装龙舟有划桨12把，包括10把标配划桨、1把踩艄划桨、1把避艄划桨。划桨涂漆，两边画火焰，下部画水浪，中间正面写"龙舟胜会"字样，背面写自然村或行政小组名。

半天装龙舟的旗幛与华盖

3.旗幛与华盖

半天装龙舟最具特色的是旗幛，共有 87 面旗帜。其中绣花彩色锯齿边三角龙大旗 2 面，小长方形飞虎旗 14 面，锯齿形小三角旗 56 面，长形小帅旗 14 面，分列船舷两侧；1 面长方形大帅旗位于船体最高处。

大帅旗正面

大帅旗背面

小帅旗

小三角旗

三角龙大旗

飞虎旗

前横幅

后横幅

大凉伞

小凉伞

　　金顶皇凉绸缎绣花六角形大凉伞 4 顶，小凉伞 14 顶，位于船体二层。

　　半天装龙舟有 12 块横幅，分 6 档置于船体两侧，后舱横幅 1

赤膊龙舟

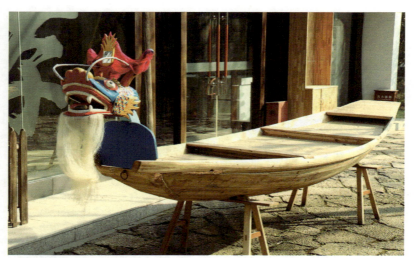

赤膊龙舟模型

块，共计 13 块；中船舱配欢门 1 副，两侧配欢门 12 块。

三、赤膊龙舟及其他

1.赤膊龙舟造型特点

赤膊龙舟之所以得名，原因有两个：其一，赤膊就是上身赤裸，人们赤膊划龙舟，所以叫赤膊龙舟；其二，它比其他龙舟结构简单，装饰单一，敲打单调，说划就划，故称赤膊龙舟。

赤膊龙舟跟满天装、半天装龙舟一样，档位分五档，船尾有避艄的座位和踩艄的站位。

2.赤膊龙舟的龙头、龙头拐和泥坝

赤膊龙舟的龙头长约 50 厘米、高约 32 厘米，用香樟树、乌桕树或白茶树树干雕成。龙头拐整体钉在船头平板上，龙头套在橹尚上，可以左右摆动。泥坝以港泥（地下深层乌泥）手工练韧后筑成，左右对称，厚薄适宜，略向前倾。

龙头

龙头套在橹尚上

龙大旗

门枪旗

3.其他组成部分

（1）划桨：有划桨 10 把，画有火焰、波浪等图案，颜色搭配自然。另有避艄桨和踩艄桨各 1 把，分别画有龙凤图案，写有"龙飞凤舞""风调雨顺""国泰民安""端阳竞渡""五谷丰登"等字样。

（2）旗幛：赤膊龙舟的旗幛较少，只有两种——龙大旗 2 面和门枪旗（又称"百脚旗"）4 面。龙大旗有两种，一种是绣乌龙的三角旗，用白布作旗面，镶着齿口火焰边，套旗杆处绣上所属地区名称；另一种是彩色（红、绿、黄）或白色的绸布，中央印上"龙"字，套旗杆处印上所属地区名称。门枪旗用白布作旗面，齿口火焰镶边，正面绣"龙舟胜会"字样，背面绣一条乌龙，上端有旗顶。门枪旗分别插在两个帆踏的左右边洞中。

4.儿童龙舟

为了培养龙舟的传人，赤膊龙舟又衍生出一种儿童龙舟，船身比赤膊龙舟稍小，专供青少年练习。

5.泼水龙舟

泼水龙舟又称"乌龙船"，龙头为乌青色，用夏布和纺绸扎成，龙头拐为毛竹材质，有泥坝，船身为黑色，划桨本色不上漆，锣鼓节奏比较慢，其他一律与赤膊龙舟相同。

蒋村龙舟构件明细表

序号	项 目	满天装龙舟	半天装龙舟	赤膊龙舟
1	船体尺寸	9米左右	8.3米左右	8米左右
2	龙头尺寸	长100厘米、高50厘米左右	长65厘米、高35厘米左右	长50厘米、高32厘米左右
3	龙颈（龙头拐）	有，粗	有	有
4	泥坝	无	有	有
5	锦鸡	1只	无	无
6	龙太子	1位	无	无
7	龙尾	长2米，后挂蜈蚣旗1面	无	无
8	龙门牌楼	前后2座	前后2座	无

9	花板	44块（含船头2块）	24块	无
10	六角香亭	1座	无	无
11	秋千架	1座	无	无
12	十八般兵器	一套（18件）	一套（18件）	无
13	船体图案	表面画龙鳞纹	大农船，无彩绘	农船，无彩绘
14	桨板	10把标配桨、2把大刀桨	10把标配桨、1把踩艄桨、1把避艄桨	10把标配桨、1把踩艄桨、1把避艄桨
15	龙大旗	4面	2面	2面
16	小三角旗	28面	56面	无
17	飞虎旗	12面	14面	无
18	大帅旗	1面	1面	无
19	门枪旗（小帅旗）	10面	14面	4面
20	华盖（大凉伞）	3顶	4顶	无
21	华盖（小凉伞）	14顶	14顶	无
22	横幅	1块（后）	13块	无
23	欢门	1套	1套	无

6. 避艄船

每条蒋村龙舟都会配备一条避艄船，作为"后勤船"。避艄船的种类根据龙舟的不同而有所不同：满天装和半天装龙舟配备的

避艄船在救援

避艄船为较大的农作船，有时还会在船舱上面搭雨棚，以保护船上物资；赤膊龙舟的避艄船则为小划船，造型与赤膊龙舟类似，大小则是赤膊龙舟的 70% 左右。避艄船的人员配备一般为 3 至 5 人。龙舟一出动，避艄船即尾随而行；龙舟胜漾时，避艄船便沿岸而泊。

避艄船主要发挥以下作用：

（1）紧跟龙舟，行游村坊收飨。每当农忙结束，最早从农历四月廿四起，蒋村龙舟便下水出航，去村庄、去集镇、去单位、去亲戚朋友处。龙舟在前锣鼓喧天，边表演边讨飨，避艄船在后接钱接物（是谓"接飨"），兼发"龙舟胜会"谢帖和请帖。收取的飨品包括大米、大麦、酒、红包等，就存放在避艄船上，归龙舟团队所有。

（2）物资供给，人力后备。避艄船负责及时提供龙舟所需物资，如饮用水、划桨等，同时为体力不支的划手提供后备人员。满天装和半天装龙舟的避艄船，还要在下雨天充当临时仓库，放置卸下的船帆、帷幔等布制品，避免其被雨水打湿。

（3）救援。救援是避艄船的重要职责。龙舟进水而沉，或者因急转弯而翻船，这是常有的事情。在众多龙舟交错行进、水浪涌动的深潭里，即使是深谙水性的壮汉，也难免会遭遇危险。一旦发现翻船或有人落水，避艄船必须在第一时间赶去将龙舟扶正，将落水的船员救起，确保划龙舟活动安全有序。

龙舟制作

[贰]蒋村龙舟的制作

龙舟制作是一项十分复杂而又精细的系统工程。一条龙舟从设计、选材、伐木、备料、劈板、打磨、拼接、装钉、填塞、上漆、装饰到最后的试水，涉及众多繁杂的工艺、工序和多个匠种的协力配合。老师傅造船无须绘制图纸，因为"图"在心中，全凭经验，造多大船、备多少料，师傅心里都有谱。一个龙舟师傅带一个学徒，即使一年到头连轴转，也只能做出七八条船，可谓费时费力。

作为一件极讨彩头的民俗活动用具，龙舟的制作讲究"天时地利人和"。一是要有合适的场地。龙舟尤其是满天装龙舟船体长且高，为了让造船师傅在制船过程中放得开手脚，便于对各类木材进行加工，至少需要 100 平方米左右的室内空间和 300 平方米左右的室外空间。二是要有合适的材料。龙舟的主要材料是木头，选用的木材既要轻便又要耐水、坚固。此类木材品种丰富，可以用樟木、杉木、松木、柯木、槐木、枫木等坚韧的杂木，蒋村龙舟大多选用杉木。一则杉木密度合适且不易腐蚀，二则江南盛产杉木，价格合理，能降低造船成本。主材固然重要，辅料亦是不可或缺的，造船的辅料主要有船钉、桐油灰、竹竿、油漆等。三是要有合适的工具。龙舟制作主要依靠能工巧匠的双手，但巧手亦离不开工具的帮衬。龙舟制作所需的主要工具有十余种，如钉送、各式凿子、斧头、刨刀、木钻、铁锤、钉拔、掘斧、勾钉、锯、墨斗、曲尺、刮刀、灰刮板等。很多工具如今在市面上已难觅踪迹，多为匠人找人定制或自行制作。四是要有合适的时节，一般以三至十月为宜。天气越是炎热，越是有利于龙舟制作，因为那时木料含水量适宜，易于弯曲成各种形状，且上漆后也容易干。

一、满天装龙舟的制作

满天装龙舟是蒋村龙舟的"代表作"，以工艺精细、装饰富丽著称。整条满天装龙舟包含龙头、龙头拐、龙门牌楼、龙尾蜈蚣、前插旗架子、挡水板、龙太子、锦鸡、龙柱、柱脚瓦档、各部串档、花板、神像、香炉亭、划桨、响器架子、旗顶、十八般兵器、长短插棒、秋千木架（俗称"小孩翻跟斗"）、各式旗幛等部分。龙舟分上中下三层，下层与普通龙舟无异，中层为绘有《三国演义》《封神榜》等故事人物的花板架子，上层为龙门牌楼及架子、龙头拐、花板、龙柱等。

满天装龙舟共需铁钉 50 斤（其中船钉 35 斤、耙头钉 15 斤），麻丝 12 斤，桐油石灰 20 斤。船钉主要用于船板的拼接，耙头钉主要用于船体关键部位的衔接和围合固定。如果两人合作施工，满天装龙舟制作需 45 个工日左右。

1.龙头及附件的制作

（1）选材：满天装龙舟的龙头为整块木头雕刻而成，因蒋村盛产柿树，二十世纪五十年代前，村人多用柿树雕刻。随着生活水

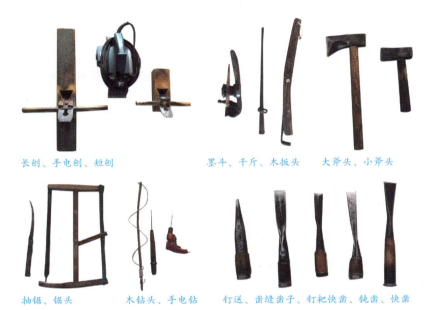

长刨、手电刨、短刨　　　墨斗、千斤、木扳头　　　大斧头、小斧头

抽锯、锯头　　　　木钻头、手电钻　　　钉送、凿缝凿子、钉耙快凿、钝凿、快凿

制作龙舟的工具台

平的提高，龙头的材料越发讲究，以香樟木为首选，以示对龙王的尊敬。

（2）绘图：木料选好后，用木工铅笔画上龙头图案和雕刻纹路的草稿，几经修改完善后再进行正式描画，要达到美观和左右对称的效果。

（3）雕刻：用凿子一点点凿出龙头的形状，再不断修正，直至最终成形，一般需要5至8个工日。雕刻龙头的刀功和过程十分考验师傅的美术功底。

（4）上漆：先在雕刻好的龙头上刷一层底漆，自然晾干后，再用红、绿、黄、白、蓝、黑等各色油漆涂描，颜色可以自由搭配，但眉毛必须是白色的。画龙点睛亦是重要一笔，点得到位，则整个龙头看起来精神十足。上漆一则是为了美观，二则油漆具有阻止水分进入木材的作用，可保持龙头干燥不受腐蚀。

（5）锦鸡制作：按照打样、雕刻、上漆的工序，制作一只高80厘米的锦鸡，立于龙头之上，代表凤凰，寓意"龙凤呈祥"。

（6）龙须制作：两根龙须长度约为60—80厘米，要呈一定的自然弧度。龙王的下巴上还需装饰一排流苏，代表龙须。

（7）龙颈制作：龙颈俗称"龙头拐"，一般长100厘米、直径20厘米，略带弧度，对龙头起到固定和支撑作用。龙颈表面经过锯、刨、磨等多道工序后，一刀一刀雕刻出深浅不一的龙鳞纹，涂上彩色油漆。

2.龙尾的制作

龙尾也是由木头雕刻而成，一般长 80 厘米、直径 15 厘米，与船身成 135 度角上翘。龙尾的制作工序同龙颈相似，在经历多道基础工序后，用彩色油漆将龙鳞一片片勾涂出来。满天装龙舟的龙尾下面悬挂有一面长 2 米的可以伸缩的蜈蚣旗，取镇龙避邪之意。

3.船身的制作

龙舟船面长 900 厘米，船底长 750 厘米，前梁宽 165 厘米、深 55 厘米，后梁宽 175 厘米、深 60 厘米。船身制作采用的是中国水

船体缝隙填塞

密隔舱制造技艺。水密隔舱，就是用隔舱板把船舱分为互不相通的舱区，用这种方法制作出的木船易于驾驶，具备抗沉性、快速性、稳定性等多种性能。这项技艺最早出现于唐代，宋以后被普遍采用，是劳动人民在造船方面的一大发明。

（1）备料：以较长较粗的杉木为主，一般需长杉木 20 根，计 2.6 立方米，造船约需 25 个工日。

（2）裁板和装钉：为了保证船体的平稳，木头极讲究对称性。整条船由 13 片木板拼成，其中船身由对半劈开的 10 片木头拼接而成，其余木板则用于横板和划桨。先安竖龙骨，傍着龙骨两旁钉"平底"，以增加面积，使船在航行中保持平稳，便于操控；接着配搭肋骨，用横梁固定，安上矮座并分舱，装钉隔舱板，完成船的框架。隔舱板使船体结构更加坚固，船的整体抗沉能力也因此得到提高。把舱设计在船尾的正中位置，并且固定在支撑点上，便于操纵，既可以根据水的深浅或升或降，也可以根据航向灵活转动，从而保证了适航性。

（3）上漆：龙船要经受长期的浸泡，为了保证舱体的密封性，油灰工还要对缝隙进行塞缝、修灰，然后在船身内侧涂上专用的桐油漆。为了美观，还要在船体外侧涂上色彩鲜艳的各色普通油漆，在船身画上龙鳞，后舱两旁圆圈内画"太公钓鱼"和"和合二仙"。

4.龙门牌楼和木架的制作

满天装龙舟的龙门牌楼有前后两座，分别位于龙舟前舱和后舱。正前方牌楼由两根龙柱支撑，龙柱上雕刻盘旋而上的龙，显示飞龙在天的气势。龙门和牌楼、楼柱等均需涂上油漆，一般整座木架为

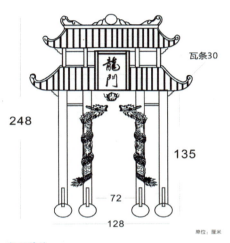

瓦条30

248

135

72

128

单位：厘米

龙门牌楼

红色，瓦档为绿色，柱子为红色，花板框漆成金色，旗顶漆成银色，龙柱底漆为红色，上面的龙则为金色。

船身还设有木架。在造好的船上用杉木搭成木架，并用刨、斧、锯等工具制成六根圆柱脚，每根圆柱脚高度150厘米。五块钳口座板，其中四块的两头凿出方形洞眼用于插柱脚。插棒以毛竹、早竹为主，飞虎旗、小三角旗、小凉伞、门枪旗（别称小帅旗）的旗杆宜用毛竹，大凉伞、大帅旗、三角龙大旗等则宜用早竹。

5.花板的制作

花板安装在船两侧的木架上，是龙舟中最考验雕工技艺的部分。满天装花板有上下两层，尺寸为90厘米×25厘米，2块一组，

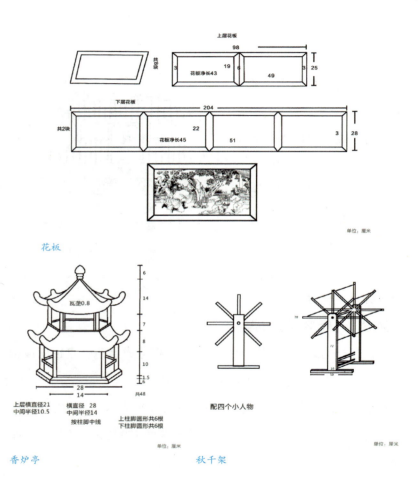

花板

香炉亭　　　　　　　　　秋千架

21组共计42块。花板上主要雕刻《封神榜》《西游记》《三国演义》《水浒传》《八仙过海》等老百姓耳熟能详的故事。雕花匠会根据花板尺寸，先将需要表现的主题描绘在纸上，再复描到板上。

6.香炉亭和秋千架的制作

满天装龙舟正舱中间有香炉亭一座，呈六角形，由上下两层六

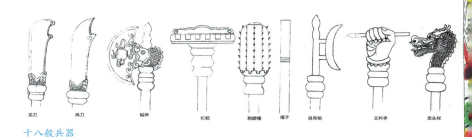

十八般兵器

角宝塔组成。亭内设老龙王一尊、秋千架一个。老龙王高约26厘米，为木头雕刻而成，双目炯炯，衣袂飘飘，双手互握，持朝板一块。秋千架底座宽50厘米、高72厘米，由四根木档交叉呈风车轮状，上面有四个小人物（唐僧师徒），随着线的抽拉作翻跟斗状。

7.十八般兵器的制作

在满天装龙舟的二层木架上还需依次摆放十八般兵器，每种兵器长约36厘米。相传西溪为水浒英雄的归隐地，故他们曾经使用的兵器演化成了如今龙舟上的十八般兵器。

8.划桨的制作

龙舟划桨共12把，10把为彩色划桨，还有两把长柄彩色龙大刀，充当踩艄桨、避艄桨。划桨涂白漆，桨板正面中间用黑色的

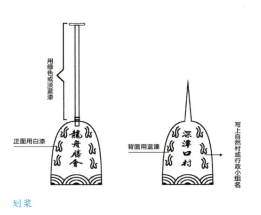

用绿色或淡蓝漆

正面用白漆

背面用蓝漆

写上自然村或行政小组名

划桨

油漆写"龙舟胜会"，两边绘火焰图案，下部画碧蓝色的水浪，背面写自然村村名或行政小组组名。

满天装龙舟划桨规格 （单位：厘米）

档位	桨总长	桨板					桨板长度	桨蒂长度	枧子长度
		宽度		厚度					
		上口	下端	上口	下端	边口			
第一档	150	16	18	2.5	0.8	0.8	35	22	10
第二档	142	17	19	2.5	0.8	0.8	36	22	10
第三档	134	18	20	2.5	0.8	0.8	37	22	10
第四档	142	19	21	2.5	0.8	0.8	38	22	10
第五档	150	20	22	2.5	0.8	0.8	39	22	10
彩色龙大刀（避艄桨）	350	28	33	3	1	1.2	45	≥25	20
彩色龙大刀（踩艄桨）	400	20	24	3	1	1.2	42	≥25	15

9.华盖和旗幛的制作

满天装龙舟共有凉伞 17 把，其中六角形大凉伞 3 把，小凉伞 14 把，大凉伞上刺绣《三国演义》人物。伞顶铸有小型人像，以《封神榜》《三国演义》《西游记》等故事人物为主。

满天装龙舟有旗帜 55 面，其中三角龙大旗（亦称乌龙旗）4 面，小三角旗 28 面，飞虎旗 12 面，长方形大帅旗 1 面，门枪旗

（别称小帅旗）10 面。另有横幅 1 块，欢门 1 套，上绣"龙"字和龙的图案。布料以丝绸为主，衬底布和沿口以棉布为主，均为双面绣，正反两面绣有龙、花、人物等三大类图案。

10.装配程序

满天装龙舟在陆地上制作完毕后，需要进行试水。先将龙舟拖下水（俗称"拔龙舟"），在船舱内底板上平铺压舱石板或 8 块钢筋混凝土小型预制板（70 斤／块），待船身平稳后，从前至后进行装饰。

首先在龙舟前端插放龙头拐，两边插上旗木架，绑上横幅、欢门，铺平船头横板，装好龙头拐两边挡水花板，摆正龙太子。

接着在前舱钳口板插上龙门牌楼，中舱钳口板（俗称"帆踏"）和后舱两块钳口板两旁方形洞眼里插六根柱脚，分上下两档固定，柱脚上顶长木板条封顶，插上小凉伞和小帅旗。

然后装两边瓦档及上下花板，上插飞虎旗和小三角旗。船中夹分档插四把大凉伞。中舱前放秋千架，后放香炉亭，龙王菩萨坐在香炉亭内，亭外两旁木架上插十八般兵器，后艄装上活动龙尾，尾梢挂蜈蚣旗，龙尾两旁向后斜插两面乌龙大旗。龙宫后面绑一块长方形横幅。最后由两人捧龙头放在龙头拐上。

二、半天装龙舟的制作

制作半天装龙舟的船体需要 9.5 米长杉木 8 根，铁钉 30 斤（其中船钉 25 斤、耙头钉 5 斤），麻丝 6 斤，桐油石灰 10 斤。如按两

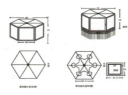

（单位：厘米）

大凉伞　　　　　大帅旗　　　　　　（单位：厘米）

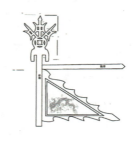

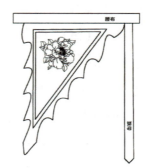

（单位：厘米）　　　　　　（单位：厘米）

三角龙大旗　　　　　　　　小三角旗

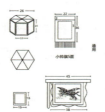

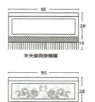

满天装前欢门1副

（单位：厘米）　　　（单位：厘米）　　　（单位：厘米）

飞虎旗　　　　欢门　　　　　　横幅

人制作计算，约需
20个工日。

1.龙头的制作

半天装龙舟的
龙头一般长65厘米、
高35厘米，制作方
法与满天装龙头大
同小异，最大的区
别是半天装龙舟的

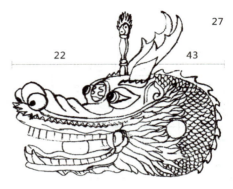

27

22   43

半天装龙头总长：65
高：35
宽：65
角长：35（连榫）

单位：厘米

龙头

龙头与龙嘴分离，龙头也没那么浑圆。龙头末端一刀齐，据传是
被唐朝宰相魏徵一刀斩下来的，且龙头上有一个圆形铁挂箍，俗
称"风箍"。半天装龙头上不立锦鸡，取而代之的是镜子或将军
像，用以避邪。

半天装龙舟船头装有挡水板。

2.船身及其他部件的制作

半天装龙舟船面长830厘米，船底长530厘米，前梁宽143厘
米，后梁宽148厘米，总重约500斤。它和满天装龙舟的最明显
区别是前后船头均平头带羊角，后舱抬高。

半天装龙舟的花板较少，只有一层，尺寸也略小，装饰画题
材与满天装龙舟类似。

半天装龙舟划桨规格

（单位:厘米）

档位	桨总长	桨板					桨板长度	桨蒂长度	枧子长度
		宽度		厚度					
		上口	下端	上口	下端	边口			
第一档	125	16	18	2.5	0.8	0.8	35	22	10
第二档	131	17	19	2.5	0.8	0.8	36	22	10
第三档	137	18	20	2.5	0.8	0.8	37	22	10
第四档	143	19	21	2.5	0.8	0.8	38	22	10
第五档	150	20	22	2.5	0.8	0.8	39	22	10
避艄桨	210	28	33	3	1	1.2	45	≥25	20
踩艄桨	290	20	24	3	1	1.2	42	≥25	15

半天装龙舟的划桨共 12 把，其中一把避艄桨、一把踩艄桨。规格与满天装有所不同，避艄桨和踩艄桨除了尺寸稍大外，在外形上同普通划桨。

枧子、桨柄多用小杉树木，铁箍也可用藤箍代替，桨板均用栎树板。

3.华盖和旗幛的制作

半天装龙舟有大凉伞 4 把、小凉伞 14 把。旗帜共 87 面，其中长方形大帅旗 1 面，绣花彩色锯齿边三角龙大旗 2 面，门枪旗（别称"小帅旗"）14 面，飞虎旗 14 面，锯齿形小三角旗 56 面。

半天装龙舟的旗幛有文、武之分：正面绣龙，为武龙舟；正面绣花或人物，则为文龙舟。

半天装龙舟华盖、旗幛规格 （单位：厘米）

序号	名称	数量	尺寸
1	六角形大凉伞	4把	
2	六角形小凉伞	14把	32×45
3	三角龙大旗	2面	
4	小三角旗	56面	42×55
5	飞虎旗	14面	24×34或21×13
6	百脚旗	2面	
7	长方形大帅旗	1面	80×150
8	门枪旗（小帅旗）	14面	20×50
9	横幅	13块	
10	欢门	1套	

4.装配程序

由于龙头增加了风箍，故要先将龙头拐下部的平板圆头套进铁挂箍，放正，将平板固定。龙头拐两边插第一档木架，按顺序插至七档，每档销牢横串直串附档，整排木架上端盖一条长方形木条封顶。两边木架上插飞虎旗、小三角旗。第一把大凉伞插在龙头拐洞眼里，其余三把等距竖插。

大凉伞

小凉伞

大帅旗

飞虎旗

二、蒋村龙舟的造型与制作

龙大旗

小三角旗

三、赤膊龙舟的制作

制作赤膊龙舟的船体需要 8.5 米长杉木 8 根，铁钉 28 斤（其中船钉 23 斤、耙头钉 5 斤），麻丝 5 斤，桐油石灰 10 斤。以两人计，需 10 个工日方可完工。

1.龙头的制作

赤膊龙舟因船身较短，故龙头也相对较小，一般长 50 厘米、高 32 厘米。

2.船身的制作

赤膊龙舟船面长 800 厘米，船底长 515 厘米，前梁宽 130 厘米，后梁宽 135 厘米，船板厚 2.5 厘米。船上插四面长方形门枪旗，上书"龙舟胜会，风调雨顺"或者"龙舟胜会，国泰民安"。

乌龙船属于赤膊龙舟的一种，整条船为黑色，龙头用黑色的纱布缠绕包裹，龙头拐用竹竿制成，与船身成 90 度角。

儿童龙舟整体造型按赤膊龙舟样式打制，船长 600 厘米，前船头宽 40 厘米 ×50 厘米，后船头宽 45 厘米 ×55 厘米，前梁宽 105 厘米，后梁宽 110 厘米，船板厚 2.5 厘米。

3.划桨的制作

赤膊龙舟的一至五档有划桨 10 把，制作方法与满天装、半天装龙舟相同。另有舵桨（避艄桨）和踩艄桨各 1 把。制作规格如下：

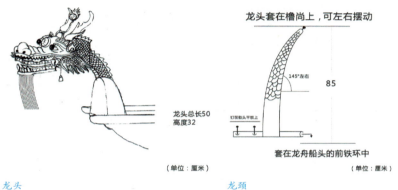

龙头总长50
高度32

（单位：厘米）

龙头

龙头套在橹尚上，可左右摆动

145°左右

85

钉在船头平板上

套在龙舟船头的前铁环中

（单位：厘米）

龙颈

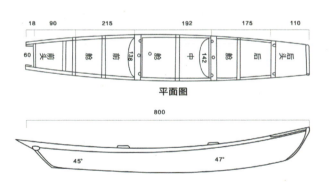

| 18 | 90 | 215 | 192 | 175 | 110 |

60 前头　船　前　138　船　中　142　船　可　半可

平面图

800

45°　　47°

侧面图

（单位：厘米）

船体

赤膊龙舟划桨规格　　　　（单位：厘米）

档位	桨总长	桨板					桨板长度	桨蒂长度	枧子长度
		宽度		厚度					
		上口	下端	上口	下端	边口			
第一档	122	15.5	18	2.5	0.8	0.8	36	≥22	10
第二档	129	16.5	19	2.5	0.8	0.8	37	≥22	10
第三档	136	17.5	20	2.5	0.8	0.8	38	≥22	10
第四档	143	18.5	21	2.5	0.8	0.8	39	≥22	10
第五档	150	19.5	22	2.5	0.8	0.8	40	≥22	10
舵桨	210	28	33	3	1	1.2	45	≥25	20
踩艄桨	290	20	24	3	1	1.2	42	≥25	15

四、避艄船的制作

避艄船一般有小划船和大划船两种规格。

1.小划船

总长560厘米，前舱长140厘米，中舱长160厘米，后舱长150厘米，前船头宽43厘米，后船头宽52厘米，前羊角15厘米，前梁长96厘米、深30厘米，后梁长100厘米、深33厘米。

2.大划船

总长600厘米，前舱长147厘米，中舱长170厘米，后舱长

避艄船

155 厘米，前船头宽 53 厘米，后船头宽 60 厘米，前羊角 15 厘米，前梁长 100 厘米、深 30 厘米，后梁长 105 厘米、深 35 厘米。

三、龙舟竞渡

由于特殊的自然环境，蒋村的龙舟竞渡不注重比速度，只全力比好看，是一项极具观赏性的龙舟表演艺术。满天装龙舟、半天装龙舟的划法就是民间所说的「文划」，不求力度，重在装饰，美在韵律。赤膊龙舟的划法就是「武划」，划手们比的是花样，比的是团结，比的是气势，有时也会出现你追我赶的激烈场面。

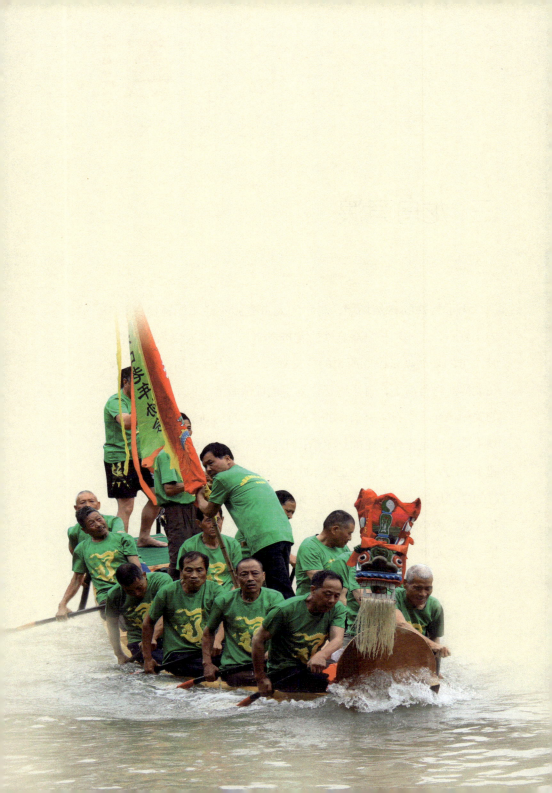

三、龙舟竞渡

由于特殊的自然环境，蒋村的龙舟竞渡不注重比速度，只全力比好看，是一项极具观赏性的龙舟表演艺术。满天装龙舟、半天装龙舟的划法就是民间所说的"文划"，不求力度，重在装饰，美在韵律。舟行河上，音乐悠扬，划手们优哉游哉，似乎在欣赏家乡的美丽风光，颇有闲庭信步的风范。赤膊龙舟的划法就是"武划"，划手们比的是花样，比的是团结，比的是气势，比的是龙头下面涌起水浪的大小，比的是龙王喝水吐水的多少，有时也会出现你追我赶的激烈场面。一条条赤膊龙舟如出水蛟龙，河道上百舸争流，水花飞溅，鼓声阵阵。河岸上看客簇拥，人山人海，掌声雷动。有道是：百条龙舟，千面锣鼓，万人呐喊，蒋村龙舟胜会。

[壹]满天装龙舟竞渡

一、人员配备

整条满天装龙舟需配备船员 22 人，其中划桨手 10 人，掌舵 2 人，乐手 5 人，旗手 3 人，拉秋千架 1 人，拉蜈蚣绳 1 人。

10 个划手分前后 5 档，每档 2 人，前舱坐前三档，中舱坐一档，后舱坐最后一档；2 人掌舵，其中 1 人避艄，拿较短龙大刀形划桨指挥龙舟动向，1 人踩艄兼避艄副职，拿较长龙大刀形划桨；5 名乐手，4 人演奏响器，1 人吹音召；3 名旗手，1 人执掌长方形彩色大帅旗，2 人拿三角龙大旗。

二、道具配备与着装

划桨：10 把彩色划桨，2 把长柄彩色龙大刀。

压舱石：500 斤以上。

乐器：会锣、虎锣、小锣、狗叫锣、钹、鼓、豹鼓、音召，主要是打击乐器，也叫"响器"。

各类龙舟都要配备锣、鼓、钹这三种基本响器，具体有直径 45 厘米的黑心籽大铴锣、直径 30 厘米的小铴锣、直径 25 厘米的大铴小锣（俗称"大铴铴儿"）、直径 25 厘米的小铴小锣（俗称"小铴铴儿"）、直径 10 厘米的磨月锣（俗称"狗叫锣"）、清鼓、直径 20 厘米的中鼓、小大钹等。满天装龙舟上还有一种吹奏乐器叫"招军"（俗称"音召"），是管乐器，铜制，分两节，发音高亢洪亮，旧时军队中用作召集号，民间吹鼓乐中亦常用。吹奏者站于船尾仰吹，以壮龙舟气势。在蒋村当地，满天装龙舟出漾开船要吹音召，掉头转弯也要吹音召，用以提醒来往船只注意避让，同时也体现出满天装龙舟的尊贵。龙舟胜漾期间，吹起音召，相关人员就会赶来集合，好似划龙舟的集结令。

满天装龙舟需要乐师专门谱曲演奏，音乐舒缓而流畅（曲谱见本章第五节）。

为了达到更好的观赏效果，也为了表明龙舟队所属的地域，一般每条龙舟都有统一的服饰。

三、动作要领

龙舟竞渡时，各岗位人员各司其职，又相互配合。

划桨手：各档人员的动作整齐划一，富有节奏感，服从船尾踩艄者的指挥。"跪前档"的两名划手还要负责保护龙头及船前部装饰物，避免与来往船只或障碍物碰撞。

乐手：会锣、虎锣、小锣、狗叫锣、钹、鼓、豹鼓、音召等响器需按曲谱配合演奏，随时掌控龙舟的行进节奏。

满天装龙舟在行进中

旗手：1人执掌长方形彩色大帅旗立在中舱，两人执掌三角形彩色龙大旗立在后舱。

避艄：坐在船尾，拿短龙大刀形的划桨作为船舵，控制龙舟的行进方向。避艄是龙舟的主舵。

踩艄：站在船艄，俗称"踩艄头"。踩艄头是龙舟的总指挥，身材高大，综观全局，龙舟的起航、胜漾、掉头、转向、停止都在他的指挥下进行。踩艄头手拿长龙大刀形的划桨，身兼避艄的副职，辅助避艄者控制方向。踩艄头一般以一定的节奏用力踩脚来发出信号，比如脚踩三下为前进，脚踩两下为转弯，脚踩一下为停止，其他指令与队员约定即可。满天装龙舟的踩艄与其他龙舟有所不同，只需站在船艄指挥，无须用力下蹲、起立使龙舟起伏摆动，以免损坏龙舟上华丽的装饰。

［贰］半天装龙舟竞渡

一、人员配备

半天装龙舟人员配备20人，其中划桨手10人，避艄1人，踩艄1人，敲响器（锣、鼓、钹、锡）4人，吹海螺1人，执掌帅旗1人，拿三角大旗2人。

二、道具配备与着装

半天装龙舟的道具、着装与满天装龙舟基本相同。道具包括划桨，锣、鼓、钹、锡、海螺等响器以及放于中舱用于保持龙舟

半天装龙舟乐器

平衡的石板。海螺的作用跟满天装龙舟里的音召相似，吹海螺者
站立船尾，龙舟行进或转弯时吹出低沉的"嘟——嘟嘟——"的
声音，提醒来往船只注意避让。

半天装龙舟在表演"武划"

三、表演特色

半天装龙舟的划法与满天装龙舟基本相同，不同之处主要在踩艄，有"文半天"和"武半天"之分。"文半天"的踩艄如同满天装龙舟，无须猛蹲猛起；而"武半天"的踩艄如同赤膊龙舟，需用尽全力猛蹲猛起，使船尾一升一降，船头也随之起伏，增添了动感，只是起伏的幅度略小于赤膊龙舟，以免损坏船上装饰物。

[叁]赤膊龙舟竞渡

赤膊龙舟是蒋村龙舟胜会中的主力龙舟，划手姿势优美，动

赤膊龙舟

赤膊龙舟

作有力，表演形式也最丰富多彩，展现出蒋村龙舟独一无二的特色。赤膊龙舟以划桨的整齐程度和龙头前涌起的水浪高低为主要评判标准，踩艄的姿势、避艄的方向、前档的领头动作及末档的配合程度和动作姿态，都能影响整条龙舟的综合效果。

一、道具配备与着装

赤膊龙舟配备划桨 12 把，其中 2 把长划桨供避艄和踩艄使用；乐器 4 样，即锣、鼓、钹、镲；还有盆、瓢等排水工具。

过去，赤膊龙舟上的船员都是赤膊上阵，展露出蒋村农家汉子健美的身姿。如今，船员一般都穿统一的汗衫，朴素又不失礼节。

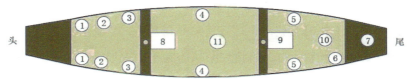

赤膊龙舟人员分布图

二、人员配备

赤膊龙舟配备人员16人：划桨手10人，分前后5档，俗称跪前档、扎二档、划三档、航四档、扎末档；乐手兼旗手4人；避艄1人；踩艄1人。

三、动作要领

1.前档

前档是关键档，负责保龙头、管方向，由两个机智灵活、动

赤膊龙舟前档

作敏捷的壮汉执档。两人跪坐船头，两手紧握划桨。开划时，两人半个身子扑出船舱，同时将划桨伸向龙头，从龙头边上插入水下，划桨柄齐眉而过，再将划桨从船底下垂直划回，随即沿着船沿向后挺出，同时挺胸，身体稍微后仰，两人同一个姿势停顿约一秒，而后又将划桨齐水平面推向前方。如此循环，掌握好节奏，保持动作整齐划一。

2.二档、三档、四档

二档、三档、四档是龙舟的主力，也是整条龙舟的助推器。二档两人位于前舱，配合一档管方向；三档位于前舱；四档位于中舱，除了给龙舟提供动力外，还有保船舱、防水淹的重任，其动作类似前档，划桨紧跟前档，从船底下旋出，有节奏地形成椭圆形的循环，尤其在龙舟加速时加快节奏，使尽全力，紧划不停。

末档

3.末档

末档由两名身体健壮、动作灵活的大汉执档。两人坐于船后舱，就像龙舟后面的两个发动机。划行时姿势特别，上身向外倾斜，头接近水面，甚至整个身体在水面上横悬，仅以一脚钩住档杆，形成头旋、桨旋、手旋的精彩瞬间。在龙舟掉头的时候，这两人需全力以赴，使龙舟在最短的时间内重新快速起航。

4.避艄

避艄一般由经验丰富、深谙船性的人担当。他坐在船尾，手拿避艄专用划桨，根据形势，控制船的行进方向。

避艄（左）

5.踩艄

踩艄头是龙舟的总指挥，同时还负有压低船尾、保持船身前后平衡、避免折桨沉船的重大责任。这一岗位需由身材高大、反应灵敏、气力过人的大汉担当，他还必须深谙水性，因为在这个位置最容易掉落水中。踩艄头手持专用划桨，立在船艄，因势而动，利用脚踩船艄指挥龙舟起航、胜漾、掉

踩艄（右）

头等一系列行为。起航时，踩艄头紧握踩艄桨，脚跨长三步，稳扎于船艄，目视前方，脚用力一踩船板，各档健儿紧跟前档，抡起划桨，奋力前进。此时，踩艄头顺桨向后挺直而急速蹲下，随前档前扑而猛然起立。下蹲时，艄桨直戳船尾水下；起立时，艄桨呈弧形挺向侧前方，犹如岳飞刺长矛，关公挥大刀。踩艄头充满爆发力地起立——下蹲——起立——下蹲，兴致高涨时，甚至会跳离舱板，从而增加下压船尾的力量。在前进过程中，船尾一升一降，船头随之一落一起，龙舟推起浪潮，两边掀起水花，船后涌起水浪与旋

涡，整条船前后摆动，犹如龙王抬头翘尾，尽情戏水，俗称"龙王喝水"。

6.乐手兼旗手

赤膊龙舟中，一名旗手站于中舱前部，肩扛旗帜，手敲铜锣；另一名旗手站在后舱帆踏板上，肩扛旗帜，两手敲钹；鼓手坐于中舱；还有一个孩子坐在船后舱，紧挨着避艄头，负责敲小锣（锡）。铜锣、米鼓、钹、小锣四样响器的敲打声分别为"咣""咚""启""噇"，在不同时段、不同场景敲打出不同的节奏和声调，演奏出龙舟独特的进行曲。

四、泼水龙舟

泼水龙舟用的是一种十分独特的划法，划桨要从头顶甩过，将水泼向两侧河岸，甚至泼向观众，引来阵阵喝彩和欢笑。泼水龙舟特别讲求动作的整齐协调。

泼水龙舟还有它独特的传统习惯：每年端午竞渡结束，吃好龙船酒、谢好龙王后，要把全部划桨、龙头及旗帜烧掉，谓之"放龙归天""斋龙王"，待来年端午节再置办全套家伙。

五、老年龙舟

老年龙舟又名"千岁龙舟"，由六十岁以上的老年人组成队伍，是改革开放后才出现的。老人虽体力有限，但老当益壮、经验丰富。他们划桨齐起齐下，踩艄姿势稳中有健，前后动作协调一致，

老年龙舟

掉头转弯方向正确，恰到好处。

六、儿童龙舟

二十世纪八十年代，出于培养龙舟竞渡继承人的需要，出现了儿童龙舟，其特点是小桨、小舟、小龙王。现如今，出于安全考虑，儿童龙舟非常少见。

七、龙舟竞渡中的注意事项

谦让是中华民族的传统美德，在百舸争流的龙舟竞渡中，尤其需要发扬谦让精神，互相尊重，互帮互助。

龙舟竞渡中最大的禁忌是"盘青龙头"。两舟并行时，突然有一舟超前而过，并在前面掉头，蒋村百姓称之为"盘青龙头"，是不吉利的，也是对对方的不尊重，往往会引发争端。特别是在胜漾"载泥坝"的时候，需要兼顾左右，避免摩擦。蒋村龙舟重演不重赛，龙舟并行时，齐头并进，不争前后。

［肆］经典项目"载泥坝"

"载泥坝"作为胜漾的结束动作，一直以来都是深潭口胜漾最

　　吸引眼球的经典项目。所谓"载泥坝"，即在龙舟胜漾的最后一趟时，径直快速前进，在对面迅速掉头、重启驶离，意味着一条龙舟胜漾的结束，之后它就不再出现在观众的视野中。

　　"载泥坝"是划龙舟中难度系数最大的项目，需要在速度、方位、节奏、配合四方面面面俱到。速度上，讲究快，特别是掉头重启的那一刻；方位上，要控制好与河岸的距离，至少留出半船的距离，以免掉头时船尾与河岸碰撞，还要避免与其他龙舟摩擦；节奏上，掌握快、停、快的三步节奏，加速前进时，锣鼓齐鸣，奋力划行，划到掉头的位置，锣鼓骤停，龙舟迅速甩尾掉头，之后再次紧锣密鼓，龙舟如离弦之箭向前疾行，消失在众人视野中；配合上，讲究各司其职、紧密配合，特别在掉头的那一刻，一档、二档看准方向，用划桨的动力带动龙头转向，踩艄头看准时机，外推长桨，使船尾反向摆动，其余划手根据各自的位置协助头尾转向，在众人的完美配合下，"龙摆尾"

赤膊龙舟

的动作一气呵成。

[伍]龙舟竞渡曲谱

满天装龙舟太平船（讨饷）锣鼓文字谱

（音召先吹）

不 不 去不 去不 ｜ 常 常 去常 常 ｜ 不而 不 去不 不 ｜

张而 张 去张 张 ｜ 不而 不 常而 常 ｜ 不而 不 张而 张 ｜

不 常 不 ｜ 张 张 张 ｜ 去春 去春 常 ｜

春 春 去 ｜ 去春 常 常 ｜ 一登 一个 张 ｜

登 登 一登 ｜ 一个 张 张 ｜ 不而 不 常而 常 ｜

不而 不 张而 张 ｜ 不 不 去不 不 ｜ 常 常 去常 常 ｜

不 不 去不 不 ｜ 张 张 去张 张 ｜ 不而 不 ｜
去不 不 ｜ 去不 不 ｜ 常而 常 ｜ 去常 常 ｜ 去常 常 ｜ 不而 不 ｜

无限反复

去<u>不</u> 不 | 去<u>不</u> 不 | <u>张而</u>张 | <u>去张</u>张 | <u>去张</u>张 :‖

（蒋金标提供）

满天装龙舟长锤锣鼓文字谱

张 冬 常 廊 | 张 冬 常 廊 | 张 冬 常 廊 |

张 冬 常 廊 | 张 冬 常 廊 | 张 冬 常 廊 |

常 冬 常 廊 | 常 冬 常 廊 | 常 冬 常 廊 |

无限反复

常 冬 常 廊 | 常 冬 常 廊 | 常 冬 常 廊 :‖

（蒋金标提供）

半天装龙舟太平船（讨飨）锣鼓文字谱

（海螺先吹三声）

<u>枪冬</u> <u>枪冬</u> 常 廊 | <u>枪冬</u> <u>枪冬</u> 常 廊 | <u>枪冬</u> <u>枪冬</u> 常 廊 | <u>枪冬</u> <u>枪冬</u> 常 廊 |

枪冬 枪冬 常 廊 | 枪冬 枪冬 常 廊 | 枪冬 枪冬 常 廊 | 枪冬 枪冬 常 廊 |

枪冬 枪冬 常 廊 | 枪冬 枪冬 常 廊 | 枪冬 枪冬 常 廊 | 枪冬 枪冬 常 廊 |

枪冬 枪冬 常 廊 | 枪冬 枪冬 常 廊 | 枪冬 枪冬 常 廊 | 枪冬 枪冬 常 廊 |

枪冬 枪冬 常 廊 | 枪冬 枪冬 常 廊 | 枪冬 枪冬 常 廊 | 枪冬 枪冬 常 廊 |

枪冬 枪冬 常 廊 | 枪冬 枪冬 常 廊 | 枪冬 枪冬 常 廊 | 枪冬 枪冬 常 廊 |

枪冬 枪冬 常 廊 | 枪冬 枪冬 常 廊 | 枪冬 枪冬 常 廊 | 枪冬 枪冬 常 廊 |

枪冬 枪冬 常 廊 | 枪冬 枪冬 常 廊 | 枪冬 枪冬 常 廊 | 枪冬 枪冬 常 廊 |

枪冬 枪冬 常 廊 | 枪冬 枪冬 常 廊 | 枪冬 枪冬 常 廊 | 枪冬 枪冬 常 廊 |
枪冬 枪冬 常 廊 | 枪冬 枪冬 常 廊 | 枪冬 枪冬 常 廊 | 枪冬 枪冬 常 廊 |

无限反复

枪冬 枪冬 常 廊 | 枪冬 枪冬 常 廊 :‖

（沈庆漾提供）

半天装龙舟胜漾（谢赏）锣鼓文字谱

（海螺中间吹，要连吹）

锵咚 锵咚 锵咚 锵咚 ｜ 锵咚 锵咚 锵咚 锵咚 ｜ 锵咚 锵咚 锵咚 锵咚 ｜

锵咚 锵咚 锵咚 锵咚 ｜ 锵咚 锵咚 锵咚 锵咚 ｜ 锵咚 锵咚 锵咚 锵咚 ｜

锵咚 锵咚 锵咚 锵咚 ｜ 锵咚 锵咚 锵咚 锵咚 ｜ 锵咚 锵咚 锵咚 锵咚 ｜

锵咚 锵咚 锵咚 锵咚 ｜ 锵咚 锵咚 锵咚 锵咚 ｜ 锵咚 锵咚 锵咚 锵咚 ｜

锵咚 锵咚 锵咚 锵咚 ｜ 锵咚 锵咚 锵咚 锵咚 ｜ 锵咚 锵咚 锵咚 锵咚 ｜

锵咚 锵咚 锵咚 锵咚 ｜ 锵咚 锵咚 锵咚 锵咚 ｜ 锵咚 锵咚 锵咚 锵咚 ｜
锵咚 锵咚 锵咚 锵咚 ｜ 锵咚 锵咚 锵咚 锵咚 ｜ 锵咚 锵咚 锵咚 锵咚 ｜

锵咚 锵咚 锵咚 锵咚 ｜ 锵咚 锵咚 锵咚 锵咚 ｜ 锵咚 锵咚 锵咚 锵咚 ｜

锵咚 锵咚 锵咚 锵咚 ｜ 锵咚 锵咚 锵咚 锵咚 ｜ 锵咚 锵咚 锵咚 锵咚 ｜

锵咚 锵咚 锵咚 锵咚 | 锵咚 锵咚 锵咚 锵咚 | 锵咚 锵咚 锵咚 锵咚 |

锵咚 锵咚 锵咚 锵咚 | 锵咚 锵咚 锵咚 锵咚 | 锵咚 锵咚 锵咚 锵咚 |

锵咚 锵咚 锵咚 锵咚 | 锵咚 锵咚 锵咚 锵咚 | 锵咚 锵咚 锵咚 锵咚 |

锵咚 锵咚 锵咚 锵咚 | 锵咚 锵咚 锵咚 锵咚 | 锵咚 锵咚 锵咚 锵咚 |

锵咚 锵咚 锵咚 锵咚 | 锵咚 锵咚 锵咚 锵咚 | 锵咚 锵咚 锵咚 锵咚 |

无限反复

锵咚 锵咚 锵咚 锵咚 | 锵咚 锵咚 锵咚 锵咚 :‖

（沈庆漾提供）

半天装龙舟转弯（掉头）锣鼓文字谱

咚咚 咚咚 | 咚咚 咚咚 | 咚咚 咚咚 | 咚咚 咚咚 |

咚咚 咚咚 | 咚咚 咚咚 | 咚咚 咚咚 | 咚咚 咚咚 |

咚咚 咚咚 ︱ 咚咚 咚咚 ︱ 咚咚 咚咚 ︱ 咚咚 咚咚 ︱

咚咚 咚咚 ︱ 咚咚 咚咚 ︱ 咚咚 咚咚 ︱ 咚咚 咚咚 ︱

咚咚 咚咚 ︱ 咚咚 咚咚 ︱ 咚咚 咚咚 ︱ 咚咚 咚咚 ︱

无限反复

咚咚 咚咚 ︱ 咚咚 咚咚 ︱ 咚咚 咚咚 ︱ 咚咚 咚咚 ：‖

（沈庆漾提供）

赤膊龙舟太平船锣鼓文字谱

清清 咚嘟 ︱ 清清 咚嘟 ︱ 清清 咚嘟 ︱ 清清 咚嘟 ︱

清清 咚嘟 ︱ 清清 咚嘟 ︱ 清清 咚嘟 ︱ 清清 咚嘟 ︱
清清 咚嘟 ︱ 清清 咚嘟 ︱ 清清 咚嘟 ︱ 清清 咚嘟 ︱

清清 咚嘟 ︱ 清清 咚嘟 ︱ 清清 咚嘟 ︱ 清清 咚嘟 ︱

清清 咚嘟 ︱ 清清 咚嘟 ︱ 清清 咚嘟 ︱ 清清 咚嘟 ︱

清清 咚嘟 | 清清 咚嘟 | 清清 咚嘟 | 清清 咚嘟 |

清清 咚嘟 | 清清 咚嘟 | 清清 咚嘟 | 清清 咚嘟 |

无限反复

清清 咚嘟 | 清清 咚嘟 | 清清 咚嘟 | 清清 咚嘟 :‖

（沈庆漾提供）

赤膊龙舟胜漾（谢赏）锣鼓文字谱

清清 咚咚 | 清清 咚咚 | 清清 咚咚 | 清清 咚咚 |

清清 咚咚 | 清清 咚咚 | 清清 咚咚 | 清清 咚咚 |

清清 咚咚 | 清清 咚咚 | 清清 咚咚 | 清清 咚咚 |
清清 咚咚 | 清清 咚咚 | 清清 咚咚 | 清清 咚咚 |
清清 咚咚 | 清清 咚咚 | 清清 咚咚 | 清清 咚咚 |

清清 咚咚 | 清清 咚咚 | 清清 咚咚 | 清清 咚咚 |

清清 咚咚 | 清清 咚咚 | 清清 咚咚 | 清清 咚咚 |

无限反复

<u>清清</u> 咚咚 | <u>清清</u> 咚咚 | <u>清清</u> 咚咚 | <u>清清</u> 咚咚 :‖

（沈庆漾提供）

赤膊龙舟讨赏锣鼓文字谱

<u>噔噔</u> <u>噔噔</u> | 去 | <u>噔噔</u> <u>噔噔</u> | 咚 — |

<u>噔噔</u> <u>噔噔</u> | 去 | <u>噔噔</u> <u>噔噔</u> | 咚 — |

<u>噔噔</u> <u>噔噔</u> | 去 | <u>噔噔</u> <u>噔噔</u> | 咚 — |
<u>噔噔</u> <u>噔噔</u> | 去 | <u>噔噔</u> <u>噔噔</u> | 咚 — |

<u>噔噔</u> <u>噔噔</u> | 去 | <u>噔噔</u> <u>噔噔</u> | 咚 — |
<u>噔噔</u> <u>噔噔</u> | 去 | <u>噔噔</u> <u>噔噔</u> | 咚 — |

<u>噔噔</u> <u>噔噔</u> | 去 | <u>噔噔</u> <u>噔噔</u> | 咚 — |

无限反复

<u>噔噔</u> <u>噔噔</u> | 去 | <u>噔噔</u> <u>噔噔</u> | 咚 — :‖

（沈庆漾提供）

满天装龙舟太平船（讨赏）锣鼓总谱

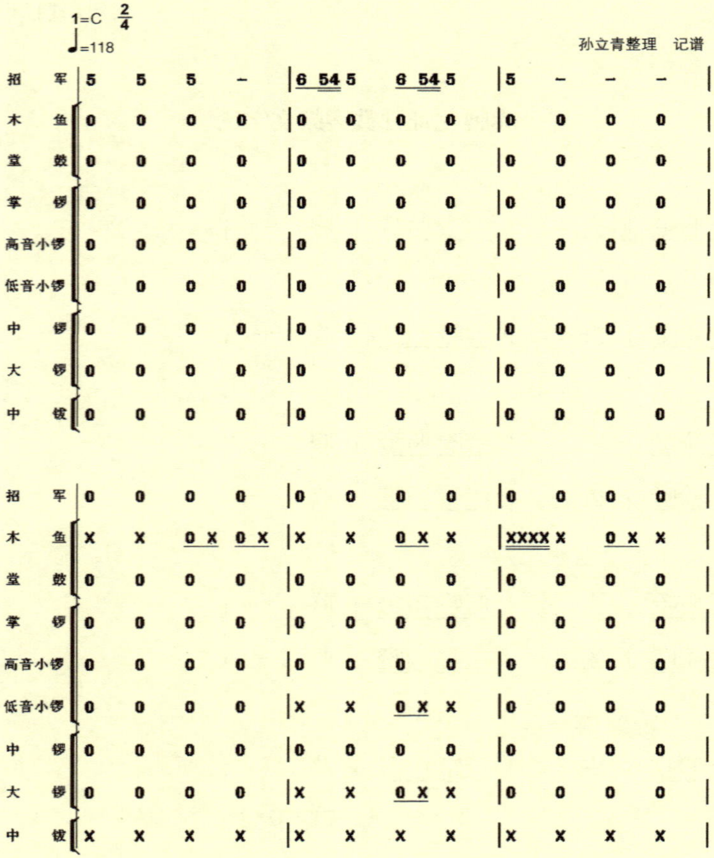

1=C 2/4

♩=118

孙立青整理　记谱

招 军	0	0	0	0	0	0	0	0	0	0	0	0
木 鱼	0	0	0	0	XXXX X		X XX X		XXXX X		0	0
堂 鼓	XXXX X		0 X X		0	0	0	0	0	0	X XX X	
掌 锣	0	0	0	0	0	0	0	0	0	0	0	0
高音小锣	X	X	0 X X		0	0	0	0	0	0	X	X
低音小锣	0	0	0	0	0	0	X	X	0	0	0	0
中 锣	X	X	0 X X		0	0	0	0	0	0	X	X
大 锣	0	0	0	0	0	0	X	X	0	0	0	0
中 钹	X	X	X	X	X	X	X	X	X	X	X	X

招 军	$\frac{3}{4}$	0	0	0	0	0	0	0	0	0
木 鱼	$\frac{3}{4}$	X	X	X	0	0	0	0	0	X
堂 鼓	$\frac{3}{4}$	0	0	0	X	X	X	0	0	0
掌 锣	$\frac{3}{4}$	0	0	0	0	0	0	0	0	0
高音小锣	$\frac{3}{4}$	0	0	0	X	X	X	0 X 0 X	0	
低音小锣	$\frac{3}{4}$	0	X	0	0	0	0	0	0	X
中 锣	$\frac{3}{4}$	0	0	0	X	X	X	0	0	0
大 锣	$\frac{3}{4}$	0	X	0	0	0	0	0	0	X
中 钹	$\frac{3}{4}$	X	X	X	X	X	X	X	X	X

蒋村龙舟胜会

招　军	0	0	0	0	0	0	0	0	0
木　鱼	0	0	0	0	0	0	0	0	0
鋩　鼓	0	0	0	0	0	0	x	0 x	x
掌　锣	0	0	0	0	0	0	0 x	0	0
高音小锣	x	x	0	0 x	0	0	0	0 x	0
低音小锣	0	0	0	0	x	x	0	0	x
中　锣	0	0	0	0	0	0	0	0	0
大　锣	0	0	0	0	x	x	0	0	x
中　钹	x	x	x	x	x	x	x	0 x	x

招　军	0	0	0	0	0	0	4/4	0	0	0	0
木　鱼	0	0	0	0	0	0	4/4	xxxx x	x	xx	x
鋩　鼓	x	x	0 x	0 x	x	x	4/4	0	0	0	0
掌　锣	x	x	0 x	0	0	0	4/4	0	0	0	0
高音小锣	0	0	0	0 x	0	0	4/4	0	0	0	0
低音小锣	0	0	0	0	x	x	4/4	0	0	x	x
中　锣	0	0	0	0	0	0	4/4	0	0	0	0
大　锣	0	0	0	0	x	x	4/4	0	0	x	x
中　钹	x	x	0 x	0 x	x	x	4/4	x	x	x	x

招　军	0 0 0 0	0 0 0 0	0 0 0 0	
木　鱼	XXXX X 0 0	X X 0 X X	X X 0 X X	
鼍　鼓	0 0 X XX X	0 0 0 0	0 0 0 0	
掌　锣	0 0 0 0	0 0 0 0	0 0 0 0	
高音小锣	0 0 X X	0 0 0 0	0 0 0 0	
低音小锣	0 0 0 0	0 0 0 0	X X 0 X X	
中　锣	0 0 X X	0 0 0 0	0 0 0 0	
大　锣	0 0 0 0	0 0 0 0	X X 0 X X	
中　钹	X X X X	X X X X	X X X X	

招　军	0 0 0 0	0 0 0 0	$\frac{2}{4}$ 0 0	
木　鱼	X X 0 X X	0 0 0 0	$\frac{2}{4}$ XXXX X	
鼍　鼓	0 0 0 0	X X 0 X X	$\frac{2}{4}$ 0 0	
掌　锣	0 0 0 0	0 0 0 0	$\frac{2}{4}$ 0 0	
高音小锣	0 0 0 0	X X 0 X X	$\frac{2}{4}$ 0 0	
低音小锣	0 0 0 0	0 0 0 0	$\frac{2}{4}$ 0 0	
中　锣	0 0 0 0	X X 0 X X	$\frac{2}{4}$ 0 0	
大　锣	0 0 0 0	0 0 0 0	$\frac{2}{4}$ 0 0	
中　钹	X X X X	X X X X	$\frac{2}{4}$ X X	

无限反复

招　军	0　0	0　0	0　0	0　0	0　0	0　0
木　鱼	0 x x	0 x x	xxxx x	0 x x	0 x x	xxxx x
堂　鼓	0　0	0　0	0　0	0　0	0　0	0　0
掌　锣	0　0	0　0	0　0	0　0	0　0	0　0
高音小锣	0　0	0　0	0　0	0　0	0　0	0　0
低音小锣	0　0	0　0	x　x	0 x x	0 x x	0　0
中　锣	0　0	0　0	0　0	0　0	0　0	0　0
大　锣	0　0	0　0	x　x	0 x x	0 x x	0　0
中　钹	x　x	x　x	x　x	x　x	x　x	x　x

招　军	0　0	0　0	0　0	0　0	0　0 :‖
木　鱼	0 x x	0 x x	0　0	0　0	0　0 :‖
堂　鼓	0　0	0　0	xxxx x	0 x x	0 x x :‖
掌　锣	0　0	0　0	0　0	0　0	0　0 :‖
高音小锣	0　0	0　0	x　x	0 x x	0 x x :‖
低音小锣	0　0	0　0	0　0	0　0	0　0 :‖
中　锣	0　0	0　0	x　x	0 x x	0 x x :‖
大　锣	0　0	0　0	0　0	0　0	0　0 :‖
中　钹	x　x	x　x	x　x	x　x	x　x :‖

满天装龙舟长锤锣鼓总谱

1=C 2/4
♩=138

孙立青整理　记谱

招　军	0	0	0	0	0	0	0	0	0	0	0	0	
木　鱼	0	0	X	0	0	0	X	0	0	0	X	0	
堂　鼓	X	X	0	0	X	X	0	0	X	X	0	0	
掌　锣	0	0	0	0	0	0	0	0	0	0	0	0	
高音小锣	X	0	0	0	X	0	0	0	X	0	0	0	
低音小锣	0	0	X	−	0	0	X	−	0	0	X	−	
中　锣	X	0	0	0	X	0	0	0	X	0	0	0	
大　锣	0	0	X	−	0	0	X	−	0	0	X	−	
中　钹	X	0	X	0	X	0	X	0	X	0	X	0	

招　军	0	0	0	0	0	0	0	0	0	0	0	0	
木　鱼	0	0	X	0	0	0	X	0	0	0	X	0	
堂　鼓	X	X	0	0	X	X	0	0	X	X	0	0	
掌　锣	0	0	0	0	0	0	0	0	0	0	0	0	
高音小锣	X	0	0	0	X	0	0	0	X	0	0	0	
低音小锣	0	0	X	−	0	0	X	−	0	0	X	−	
中　锣	X	0	0	0	X	0	0	0	X	0	0	0	
大　锣	0	0	X	−	0	0	X	−	0	0	X	−	
中　钹	X	0	X	0	X	0	X	0	X	0	X	0	

招军	0 0 0 0	0 0 0 0	0 0 0 0	
木鱼	X 0 0 0	X 0 0 0	X 0 0 0	
堂鼓	0 X X 0	0 X X 0	0 X X 0	
掌锣	0 0 0 0	0 0 0 0	0 0 0 0	
高音小锣	0 0 X —	0 0 X —	0 0 X —	
低音小锣	X 0 0 0	X 0 0 0	X 0 0 0	
中锣	0 0 X —	0 0 X —	0 0 X —	
大锣	X 0 0 0	X 0 0 0	X 0 0 0	
中钹	X 0 X 0	X 0 X 0	X 0 X 0	

无限反复

招军	0 0 0 0	0 0 0 0	0 0 0 0	:‖
木鱼	X 0 0 0	X 0 0 0	X 0 0 0	:‖
堂鼓	0 X X 0	0 X X 0	0 X X 0	:‖
掌锣	0 0 0 0	0 0 0 0	0 0 0 0	:‖
高音小锣	0 0 X —	0 0 X —	0 0 X —	:‖
低音小锣	X 0 0 0	X 0 0 0	X 0 0 0	:‖
中锣	0 0 X —	0 0 X —	0 0 X —	:‖
大锣	X 0 0 0	X 0 0 0	X 0 0 0	:‖
中钹	X 0 X 0	X 0 X 0	X 0 X 0	:‖

半天装龙舟太平船（讨赏）锣鼓总谱

1=C 2/4

♩=126

孙立青整理　记谱

海螺	1 - 1 -	1 - - -	0 0 0 0	0 0 0 0
堂鼓	0 0 0 0	0 0 0 0	XX XX XX X	XX XX XX X
小锣	0 0 0 0	0 0 0 0	X X X X	X X X X
大锣	0 0 0 0	0 0 0 0	0 0 0 X	0 0 0 X
中钹	0 0 0 0	0 0 0 0	X X X X	X X X X

海螺	0 0 0 0	0 0 0 0	0 0 0 0	0 0 0 0
堂鼓	XX XX XX X	XX XX XX X	XX XX XX X	XX XX XX X
小锣	X X X X	X X X X	X X X X	X X X X
大锣	0 0 0 X	0 0 0 X	0 0 0 X	0 0 0 X
中钹	X X X X	X X X X	X X X X	X X X X

海螺	0 0 0 0	0 0 0 0	0 0 0 0	0 0 0 0
堂鼓	XX XX XX X	XX XX XX X	XX XX XX X	XX XX XX X
小锣	X X X X	X X X X	X X X X	X X X X
大锣	0 0 0 X	0 0 0 X	0 0 0 X	0 0 0 X
中钹	X X X X	X X X X	X X X X	X X X X

海螺	O O O O	O O O O	O O O O	O O O O
堂鼓	X X X X X X X	X X X X X X X	X X X X X X X	X X X X X X X
小锣	X X X X	X X X X	X X X X	X X X X
大锣	O O O X	O O O X	O O O X	O O O X
中钹	X X X X	X X X X	X X X X	X X X X

海螺	O O O O	O O O O	O O O O	O O O O
堂鼓	X X X X X X X	X X X X X X X	X X X X X X X	X X X X X X X
小锣	X X X X	X X X X	X X X X	X X X X
大锣	O O O X	O O O X	O O O X	O O O X
中钹	X X X X	X X X X	X X X X	X X X X

海螺	O O O O	O O O O	O O O O	O O O O
堂鼓	X X X X X X X	X X X X X X X	X X X X X X X	X X X X X X X
小锣	X X X X	X X X X	X X X X	X X X X
大锣	O O O X	O O O X	O O O X	O O O X
中钹	X X X X	X X X X	X X X X	X X X X

海螺	O O O O	O O O O	O O O O	O O O O
堂鼓	X X X X X X X	X X X X X X X	X X X X X X X	X X X X X X X
小锣	X X X X	X X X X	X X X X	X X X X
大锣	O O O X	O O O X	O O O X	O O O X
中钹	X X X X	X X X X	X X X X	X X X X

海螺　　0　0　0　0　｜0　0　0　0　｜0　0　0　0　｜0　0　0　0　｜

堂鼓　　ХХ ХХ ХХ Х ｜ХХ ХХ ХХ Х ｜ХХ ХХ ХХ Х ｜ХХ ХХ ХХ Х ｜

小锣　　Х　Х　Х　Х ｜Х　Х　Х　Х ｜Х　Х　Х　Х ｜Х　Х　Х　Х ｜

大锣　　0　0　0　Х ｜0　0　0　Х ｜0　0　0　Х ｜0　0　0　Х ｜

中钹　　Х　Х　Х　Х ｜Х　Х　Х　Х ｜Х　Х　Х　Х ｜Х　Х　Х　Х ｜

海螺　　0　0　0　0　｜0　0　0　0　｜0　0　0　0　｜0　0　0　0　｜

堂鼓　　ХХ ХХ ХХ Х ｜ХХ ХХ ХХ Х ｜ХХ ХХ ХХ Х ｜ХХ ХХ ХХ Х ｜

小锣　　Х　Х　Х　Х ｜Х　Х　Х　Х ｜Х　Х　Х　Х ｜Х　Х　Х　Х ｜

大锣　　0　0　0　Х ｜0　0　0　Х ｜0　0　0　Х ｜0　0　0　Х ｜

中钹　　Х　Х　Х　Х ｜Х　Х　Х　Х ｜Х　Х　Х　Х ｜Х　Х　Х　Х ｜

海螺　　0　0　0　0　｜0　0　0　0　｜0　0　0　0　｜0　0　0　0　｜

堂鼓　　ХХ ХХ ХХ Х ｜ХХ ХХ ХХ Х ｜ХХ ХХ ХХ Х ｜ХХ ХХ ХХ Х ｜

小锣　　Х　Х　Х　Х ｜Х　Х　Х　Х ｜Х　Х　Х　Х ｜Х　Х　Х　Х ｜

大锣　　0　0　0　Х ｜0　0　0　Х ｜0　0　0　Х ｜0　0　0　Х ｜

中钹　　Х　Х．Х　Х ｜Х　Х　Х　Х ｜Х　Х　Х　Х ｜Х　Х　Х　Х ｜

无限反复

海螺　　0　0　0　0　｜0　0　0　0　｜0　0　0　0　｜0　0　0　0 :‖

堂鼓　　ХХ ХХ ХХ Х ｜ХХ ХХ ХХ Х ｜ХХ ХХ ХХ Х ｜ХХ ХХ ХХ Х :‖

小锣　　Х　Х　Х　Х ｜Х　Х　Х　Х ｜Х　Х　Х　Х ｜Х　Х　Х　Х :‖

大锣　　0　0　0　Х ｜0　0　0　Х ｜0　0　0　Х ｜0　0　0　Х :‖

中钹　　Х　Х　Х　Х ｜Х　Х　Х　Х ｜Х　Х　Х　Х ｜Х　Х　Х　Х :‖

半天装龙舟胜漾（谢赏）锣鼓总谱

1=C 4/4
♩=152

孙立青整理　记谱

海螺	0 0 0 0	0 0 0 0	0 0 0 0	0 0 0 0
堂鼓	XX XX XX X	XX XX XX X	XX XX XX X	XX XX XX X
小锣	X X X X	X X X X	X X X X	X X X X
大锣	0 0 0 X	0 0 0 X	0 0 0 X	0 0 0 X
中钹	X X X X	X X X X	X X X X	X X X X

海螺	1· 1 111·	0 0 0 0	0 0 0 0	0 0 0 0
堂鼓	XX XX XX X	XX XX XX X	XX XX XX X	XX XX XX X
小锣	X X X X	X X X X	X X X X	X X X X
大锣	0 0 0 X	0 0 0 X	0 0 0 X	0 0 0 X
中钹	X X X X	X X X X	X X X X	X X X X

海螺	0 0 0 0	0 0 0 0	0 0 0 0	0 0 0 0
堂鼓	XX XX XX X	XX XX XX X	XX XX XX X	XX XX XX X
小锣	X X X X	X X X X	X X X X	X X X X
大锣	0 0 0 X	0 0 0 X	0 0 0 X	0 0 0 X
中钹	X X X X	X X X X	X X X X	X X X X

半天装龙舟转弯（掉头）锣鼓总谱

1=C 2/4
♩=138

孙立青整理　记谱

赤膊龙舟太平船锣鼓总谱

1=C 2/4
♩=126

孙立青、张继良整理　记谱

堂鼓	xx xx	xx xx	xx xx	xx xx	xx xx	xx xx	xx xx	xx xx
小锣	xx xx	xx xx	xx xx	xx xx	xx xx	xx xx	xx xx	xx xx
中锣	0 0x	0 0x	xx xx	xx 0x	xx x0	xx xx	xx 0x	xx x0
中钹	xx xx	xx xx	xx xx	xx xx	xx xx	xx xx	xx xx	xx xx

堂鼓	xx xx	xx xx	xx xx	xx xx	xx xx	xx xx	xx xx	xx xx
小锣	xx xx	xx xx	xx xx	xx xx	xx xx	xx xx	xx xx	xx xx
中锣	0 0x	0 0x	xx xx	xx 0x	xx x0	xx xx	xx 0x	xx x0
中钹	xx xx	xx xx	xx xx	xx xx	xx xx	xx xx	xx xx	xx xx

堂鼓	xx xx	xx xx	xx xx	xx xx	xx xx	xx xx	xx xx	xx xx
小锣	xx xx	xx xx	xx xx	xx xx	xx xx	xx xx	xx xx	xx xx
中锣	0 0x	0 0x	xx xx	xx 0x	xx x0	xx xx	xx 0x	xx x0
中钹	xx xx	xx xx	xx xx	xx xx	xx xx	xx xx	xx xx	xx xx

无限反复

堂鼓	xx xx	xx xx	xx xx	xx xx	xx xx	xx xx	xx xx	xx xx: ‖
小锣	xx xx	xx xx	xx xx	xx xx	xx xx	xx xx	xx xx	xx xx: ‖
中锣	0 0x	0 0x	xx xx	xx 0x	xx x0	xx xx	xx 0x	xx x0: ‖
中钹	xx xx	xx xx	xx xx	xx xx	xx xx	xx xx	xx xx	xx xx: ‖

赤膊龙舟胜漾（谢赏）锣鼓总谱

1=C 2/4

♩=132

孙立青、张继良整理　记谱

堂鼓　小锣　中锣　中钹

（渐快）

（无限反复）

赤膊龙舟讨赏锣鼓总谱

孙立青、张继良整理　记谱

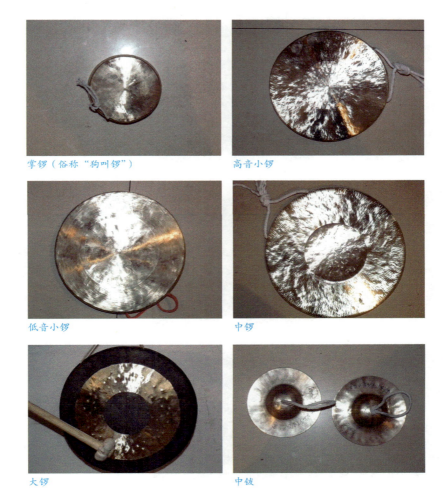

掌锣（俗称"狗叫锣"）　　　　高音小锣

低音小锣　　　　中锣

大锣　　　　中钹

招军（俗称"音召"）

木鱼

堂鼓

海螺

蒋村龙舟锣鼓配乐使用乐器一览表

乐器名称	满天装龙舟	半天装龙舟	赤膊龙舟
招军	√		
海螺		√	
木鱼	√		
堂鼓	√	√	√
掌锣	√		
高音小锣	√		√
低音小锣	√	√	
中锣	√		√
大锣	√	√	
中钹	√	√	√

四、蒋村龙舟胜会的习俗与传说

蒋村龙舟胜会是以龙舟表演为核心内容的民俗集成，有推举龙船头、祭龙王、讨飨、披红、胜漾、吃龙船酒等传统习俗。关于龙舟胜会的民间传说故事也不少，流传至今。

四、蒋村龙舟胜会的习俗与传说

[壹] 胜会习俗

一、龙船头

端午节期间，蒋村龙舟胜会场面宏大，人数众多，礼仪繁复，事务忙碌，必须要有一位身体强壮、有较强的组织和协调能力且有强烈责任心的人来统领活动。在蒋村，每个自然村都有一个这样的领头人，称为"龙船头"。

龙船头每年按户轮值，由这户的男性户主担当。新任龙船头在上一年划完龙船、谢过龙王之后便开始接手，将龙王请回家，选择家中又高又亮的屋子供奉起来。到本年度端午节，由龙船头负责请龙王、划龙舟等龙舟胜会的一系列事务，谢过龙王后才算卸任。

二、祭龙王

祭龙王是龙舟胜会中的重要环节，仪式极为严谨和庄重。祭龙王包括"请龙王"和"谢龙王"两个部分，由村里德高望重的老人主持。

传统"请龙王"仪式主要流程如下：

沐浴 —→ 上香 —→ 跪拜 —→ 恭读颂文 —→ 请龙王

出征 ←— 披红（点睛）←— 朝拜

在端午节当天或者前一天的上午，选择良辰吉时，在龙船头家的堂屋正中，用八仙桌搭建祭坛，将龙舟一档的划桨立靠于桌子两边，摆设好香案供品。供品用传统的"三牲三果"。三牲，即猪头（现一般用整块猪肉）、鸡或鸭或鹅、活鱼（必须用鲤鱼、包头鱼或鲢鱼）；陈列方式是猪头置于中间，鸡鸭等置于两旁。三果，即苹果、梨、橘子等常见水果，为讨吉利，每种水果都取双数，摆在三牲前、香烛后。另有素菜两盘，一般是豆腐干和千张，一并供上。然后点上香烛，奉上锡纸元宝。一切放置妥当，由主持祭祀的长者恭读颂文，而后恭恭敬敬请出"龙王"。供奉的时候，所有的龙舟乐，如《太平船》《胜漾》《讨飨》等，从头到尾演绎一遍，寓意自始至终平安顺利。一炷香烧罢，送掉锡纸元宝，在锣鼓鞭炮声中、香烟缭绕之间，所有参与划龙舟的人向"龙王"叩拜。最后，长者双手捧龙头，在众人簇拥下将其安装在船头，披红、点睛后，划船的壮士们跃跃欲试，傲然出征。

等划完龙舟，还要将"龙王"请上岸，按上述礼仪供奉致谢，称"谢龙王"。下一任龙船头将"龙王"请回家。

祭龙王

　　"请龙王"和"谢龙王"的仪式庄严神圣，寄托了人们对生活的美好祝愿、对来年的期许和对天地的感恩之情，体现的是蒋村人民淳朴的生活态度和对大自然的崇敬之心。

龙舟胜会颂文

　　龙舟胜会，始于唐宋，盛于明清，源远流长。自唐以来，每逢端午，蒋村属地，四邻八乡，集聚深潭，百舟竞渡，盛况空前。至明一代，尚书洪钟，退官故里，倡民于娱，益重其艺，遂寓新形，别开生面，既以力逐，复为艺演。乃成独特之风格，因循别样之民俗。乾隆至，龙颜悦，"龙舟胜会"，乃敕其名，遂使西溪，名扬天下。

时逢盛世，胜会复兴，弘扬古风，以跻前美。传非物质文化之遗产，扬新文明和谐之民俗。胜会盛哉，代代相传！

公元二〇一〇年六月十六日，庚寅端午，胜会当前，择地西溪，吾等来祝。其文曰：溪水清清，盛世昌明。百舟竞渡，鼓乐齐鸣。老少相携，笑语盈盈。浪花飞逐，彩旗映迎。祈我蒋村，事业兴盛。幸福和谐，百姓康平。鲲鹏展翅，万里前程！

（记于 2010 年龙舟胜会）

三、讨餉、披红

讨餉，是指募集置办龙舟酒的钱物，一般有钱款、烟酒、米粮，由村民划着龙舟，挨家挨户募集。从农历四月廿四开始，各村的龙舟纷纷出动讨餉。办龙船酒所需资金较多，单靠讨餉远远不够，主要由村里自筹，传统的办法是按自然村所有人头计算，

盛馕托盘

成人一股，十六岁以下半股。

　　端午之前，家家户户都准备好"馕"，等各村龙船上门，视亲疏关系，给多给少。一般村民给馕用红色托盘，倒上一碗米，上面放一个红包。早年蒋村农民生活条件都比较艰苦，粮食紧张，给馕时多用麦、高粱等代替大米。讨馕时，龙舟和着胜漾的节奏迅速冲过来，直到接近码头时才慢慢减速，顺势让龙舟的龙头对着码头作"三点头"致意。此时，锣鼓声委婉含蓄，避艄艄接过盛馕托盘。

　　"披红"是给馕的一种，较讨馕隆重，一般都是关系比较密

披红

蒋村乡时期的胜漾场景

切的亲朋好友之间，一方为另一方的龙舟披红。披红所给的飨也较丰厚，一般是一箱酒、一条烟、一个大红包、一条红色的绸缎，绸缎扎在龙角上。披完红，鞭炮声响起，龙舟以三退三进的方式"点头"致谢。在艰苦的岁月，披红所用的红绸带都用红棉絮代替，但所用的粮食非大米不可。

四、胜漾

"胜漾"指的是蒋村及周边各地的龙舟在端午节当天的午时去深潭口参加龙舟竞渡。"漾"指的就是西溪湿地的深潭口漾，蒋村百姓称之为"漾上"。清人孙之骒《南漳子》记载道："深潭口，非舟不能渡；闻有龙潭，深不可测。"此处河港相连，呈十字交叉，水面宽广，加上独特的地理优势和环境氛围，最适宜龙舟竞渡。

端午当天午时，四邻八乡的龙舟都开始出发，前往深潭口漾。一点半左右是深潭口漾最热闹的时候，龙船和人群从四面八方汇聚。岸上，摩肩接踵，人声鼎沸，喝彩阵阵；河下，百舸竞流，锣鼓喧天，彩旗飘飘。有诗曰：

> 棹影如剑万波起，雷鼓霹雳色竞姿。
>
> 此景人间几时有？难得蒋村端午时。

唐代诗人张说诗中也有描绘：

> 画作飞凫艇，双双竞拂流。
>
> 低装山色变，急棹水浮华。

相传乾隆皇帝下江南时，在蒋村看到这不是庙会却胜似庙会的盛大场面，欣然御赐"龙舟胜会"之名，沿用至今。

胜漾是众多龙舟的同场竞技，相互之间比水势、秀英姿、拼技术，且方向、划法、路线都有一定的规矩。西溪湿地综合保护工程实施以前，深潭口漾有东、南、西、北四条支流汇集，东、西、北三个入口，南面是著名的老香樟树，"龙舟胜会"的石碑就竖立在樟树下。东面入口的龙舟来自古荡、骆家庄、登云圩、五联、合建等地，西面入口的龙舟来自五常、闲林、周家村、深潭口等地，北面入口的龙舟最多，来自三墩、仓前、双桥、蒋村、双龙、杨家埭、龙章等地。如图所示，东面进来的龙舟先沿着①号路线往北划

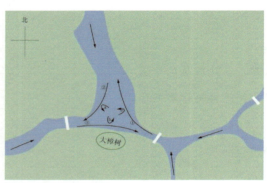

深潭口胜漾路线示意图

一趟，然后沿②号路线往西，再沿③号路线回到入口，最后一趟径直到 a 位置，掉头（载泥坝）后从东口驶离；西面来的龙舟先往东，再往北，然后回到西面，最后到 b 处掉头；若是从北面来的龙舟，则先东、后西、再北，最后到 c 处掉头。特别需要注意的是，北面进来的龙舟有一个祖辈传下来的规矩——首趟不往西。

胜漾期间，除了声名远播的龙舟竞渡外，其他节目也精彩纷

舞龙

呈。龙舟散去后，戏曲表演登上水上戏台，舞龙的、杂耍的也热闹起来。水面上，这厢风波未平，那厢高潮迭起，地面上则有商贩云集，正可谓"香囊冰棍小花篮，吃喝玩乐大端午"。

五、吃龙船酒

划完龙舟，汉子们脱下湿漉漉的汗衫，整装再聚，一起去吃"龙船酒"。吃龙船酒原本是为了犒劳划龙舟的健儿，过去也只有参与划龙舟的才有资格参加；后来演变为全村男丁都可参加，寓意吃了龙船酒，便讨得了吉利。这应该是村里规模最大的聚餐了，男人们抛开生活的压力与烦恼，觥筹交错，纵谈天下。

操办龙船酒的重任自然落在龙船头身上。每一任龙船头都非常重视这特别的盛宴，如同娶媳妇、嫁女儿般尽心尽力。经过几百年的传承与发展，龙船酒的菜肴既不失传统，又呈现出与时俱进的特色。随着生活水平的提高，龙船酒的规格也越来越高，山珍海味，应有尽有。当然，其中少不了端午传统的"五黄"，即黄鳝、黄鱼、黄瓜、咸鸭蛋、雄黄酒，只是这"五黄"的做法不断演变，大厨们各出高招，年年都有新花样。

端午节吃龙船酒，对于蒋村人来说，不亚于大年三十吃年夜饭、正月十五吃元宵。人们期望

吃龙船酒

吃过龙船酒，一年都会风调雨顺，五谷丰登，小孩子也会生龙活虎，健康成长。对于不能上桌的小女孩们，父亲们会讨一份龙船饭回家，让女儿一同沾沾吉利，欢喜欢喜。

六、小端午胜漾

端午节后的第七天，即五月十三，蒋村一带称之为小端午。蒋村一直都有小端午胜漾的传统，只是小端午的龙舟比较少，竞渡规模也比较小。小端午胜漾的地点也在深潭口，但是时间并不一定在午时。由于小端午那天多数龙舟已经上岸安置妥当，划龙舟的人也都散去，因此，参与胜漾的龙舟就比较少了。

七、其他习俗

龙舟对于蒋村人来说是神圣的、吉利的。小男孩（俗称"太

小孩子上龙舟

子"）出生后，由大人抱下龙舟，从左到右、从头至尾传递一周，据说能保佑他灾病不犯，苗壮成长，像龙一样矫健。

龙舟是吉祥之物，龙舟前来讨飨时，除了给飨外，家家户户都不忘拿盆子舀一盆船舱里的水，捧回去擦擦门窗，避邪消灾。

［贰］龙舟传说

一、龙头起

蒋村西南有个叫龙头圩的地方（龙章村八组），据说原名"龙头起"。至于"龙头起"的来历，至今仍流传着这样一个传说。

很早很早以前，大概隋朝的时候，龙头圩没几户人家，村东有条大河，河面烟波浩渺。有一年开春后，从北水漂来一只木船，船舱露出水面，不知怎的，漂到村东的水面后竟然静止在河中，好几天不再漂流。

这天是农历四月廿四，在河中抓鱼的蒋起龙出于好奇，冒着寒意游到船边，用手一推，船轻快地漂向岸边。蒋起龙叫来了另外三人，四人一齐动手，将船拉上岸。四人从家里拿来木板、钉子、斧头什么的，东敲敲，西钉钉，把漏水的缝隙啊、小洞啊什么的都修好补好。灵不灵？漏不漏？试试就知道了。四人找来了划桨，上船一齐划，好轻快！四人划向东、划向南、划向西、划向北……蒋起龙干脆用划桨击打船舷，发出"咚咚"的响声，那么动听，那么有趣。伴着"咚咚"声，其他几人划得更起劲了。

不知不觉间，岸上已经聚集了十几个人，人们指指点点，有说有笑。一位大爷朝他们喊："喂，你们这么用力，划得这么快，是在划龙船吗？"

"龙船？"蒋起龙若有所思，忙叫三人收桨停划："既是龙船，总该装个龙头吧？"

"好，好，做个龙头再划。"三人应答。四人又一齐将船拉上岸，回家吃了午饭又凑在一起，找来一段木头，东敲敲，西凿凿，你敲敲，他凿凿，忙了半天，做了个龙头。管他像不像，先庆祝庆祝吧。于是点上一炷香，放了一挂鞭炮，拱手拜拜。但是，怎么装上去呢？蒋起龙用起了"小聪明"，有了有了……大伙儿到田头掘了一筐乌泥，放到船头堆起来，然后将龙头往泥上一按，蛮好，固定了。

已是申时了，划，再划！可是四个人，少了点儿。他们又叫了三个年轻力壮的小伙子一起划。蒋起龙呢，却拿了个木脸盆。干吗？众人不解。蒋起龙一屁股坐在后船舱，其余六人分坐两边，开始划！蒋起龙敲打脸盆，众人随着节奏边划边喊："嘿！嘿！"全村男女老少站在河边，指指点点，有说有笑。划的，看的，好开心啊！龙头起，龙头起，第一条装有龙头的龙船就起源自这里。

从此，蒋村一带便有了端午节划龙船的习俗，而且还有"食唠龙船廿四开"的传统。因为"龙头起"，蒋起龙所在的村子取谐音定名为"龙头圩"。

二、蒋村龙舟胜会起源的传说

唐代时，蒋村一带有一年遭遇大旱，渔民们打不到鱼。村民请当地有名的打卦师李淳风打卦，李淳风说："城东五里，有个深潭，第一、第二网都是空的，第三网有一条大鱼。"第二天，渔民沈三按李淳风说的去做，果然打到了一条大鲤鱼，拿到街上去卖，被一个老太太买回了家。老人舍不得吃，养在后花园的荷花池里。原来这鲤鱼是龙太子变的，它顺水逃回龙宫，向老龙王告状。老龙王听了，怒气冲冲要给渔民一点儿教训。

这天，沈三又去打卦，卦师说："不好啦，老龙王要来找你麻烦，你快回去装死，叫你老婆哭，龙王见你死了，就罢休了。"沈三回到家，把这件事告诉了老婆。第二天沈三装死，他老婆在旁边哭得凄惨。这时，龙王化作一个老头走进来问道："大嫂为何伤心啊？"她不晓得这个老头乃是龙王所变，就把事情原委一五一十地告诉了龙王。老龙王一听，原来都是打卦师弄出来的事，冤有头债有主，他就去找卦师问个明白。

老龙王化作一个老太婆前去打卦，问什么时候下雨。卦师回答说："明天要下雨，城内三点，城外七点。"老龙王心想："雨是我降的，难道你比我还清楚？"就跟卦师击掌打赌。

龙王回到龙宫，命人端上好酒好菜，边喝酒边想着明天怎么处置卦师。这时忽然接到御旨，玉帝下令要他明天降雨，城内三点，城外七点。龙王一听，心想卦师真是高明，竟然未卜先知！怎么办呢？一边已和卦师打了赌，一边御旨又不能违背。老龙王左想右想，甚是烦恼。转眼到了第二天，龙王手拿降雨剑站在云端，降也不是，不降也不是。正愁着，突然心中冒出一计："何不把玉帝的旨意反转一下呢？"于是，雨在城内下了七点，城外下了三点，城外灰尘都没打湿，城内却水患成灾，把城隍菩萨都冲到了茅坑里。城隍菩萨气愤不过，到天庭去告状，玉皇大帝一听大怒："龙王竟然违抗御旨！"便叫唐皇的丞相魏徵第二天午时三刻将老龙王斩首。

　　老龙王降完雨后去找卦师验证赌约，卦师一见龙王到来，劈头就是一句："龙王你抗旨，明天要被问斩了。"老龙王一听吓得半死，连忙请卦师想办法。卦师说："监斩官是丞相魏徵，你只要多送些金银财宝给唐皇，请唐皇帮忙即可。"老龙王赶紧照办。

　　第二天早朝后，唐皇把魏徵留下，两人边喝茶边下棋。唐皇心想，只要不让魏徵离开，他就杀不了龙王了。眼看午时已到，魏徵伏在桌上睡着了，头上汗水直冒，唐皇便拿起扇子扇了三下。不多时，魏徵醒来，说："多谢万岁！"唐皇问谢什么，魏徵说："方才万岁助我三阵风，我追上了老龙王，已经在梦中把他斩了。"唐皇心想，这下糟了。果然，一连几天，皇宫里阴魂不散。唐皇知道是老龙王怨气不消，为了抚慰老龙王，他命人把包好的粽子扔到河里，吹吹打打划龙船。这天正是五月初五，这是端午节划龙舟的由来，也是蒋村龙舟胜会起源的传说。

三、龙舟忌女

自唐朝开始，每年端午节，蒋村西溪地区的老百姓都要划龙舟，村村社社、家家户户都参与。特别是在乾隆皇帝御封"龙舟胜会"后，蒋村深潭口的龙舟竞渡更是热闹非凡。但你是否发现，参加龙舟竞渡的每条龙船上，只见男儿，不见妇女；在操办龙舟宴的过程中，里里外外忙碌的也都是男性，而不用女人们操劳？更有趣的是，这里的妇女也十分乐得作壁上观，男人们虽然忙得不亦乐乎，却也个个心甘情愿。为什么会这样呢？

话说南宋时，蒋村有个谢家兜，端午节前五天就开始让龙船下水划行。一天，小伙子们划船去外村讨馂回来，在村里吃饭，这条龙船就停靠在河埠头。有一个三十出头的村妇去河埠头洗碗，见龙船上的龙头栩栩如生，便情不自禁地伸手轻轻抚摸龙头，捋了捋龙须，双手合十，对着龙头祈福道："龙王啊，带好运给我们吧！让我们这里风调雨顺，四季平安，五谷丰登，六畜兴旺。"

吃过饭，又有一拨小伙子划着龙船去塘北讨馂。船行到余杭塘河上的万安桥时，忽然狂风大作，电闪雷鸣，大雨倾盆。小伙子们措手不及，龙船撞上了桥墩，霎时倾翻，连人带船沉入河底，不见上浮。最后有三个小伙子在这次事故中身亡。

此事一出，整个谢家兜乱作一团。有个通巫术的人站出来说：
"肯定是村里有人得罪了龙王，且让我卜上一卦。"他口中念念有
词，过了一会儿，叫道："你们听好，我是龙王爷，容不得女人亵
渎！"说到这里，只听得人群里有个妇女哭喊起来："是我摸了龙
头，是我捋了龙须，我该死！"大家这才知道是怎么回事。

从此以后，蒋村便不准女人参与跟划龙船有关的一切事宜。
女人们呢，也乐得顺水推舟，省心省力，只看不管。虽说只是虚
妄的传说，"龙舟忌女"的风俗却一直沿袭至今。

四、乾隆御赐"龙舟胜会"

乾隆第一次乘船巡视西溪返京后，与圣祖爷爷康熙大帝巡视
西溪的行程一对比，发现自己竟然没有到西溪岸上一游，心中感
到非常失落。第二年，乾隆再到西溪时，就让爱臣沈德潜安排上
岸私访，并且特别指定要看西溪的龙舟竞渡。

端午那天，乾隆与沈德潜微服出访。一行人兴冲冲上路，只
见路上早已人来人往，男女老少穿红戴绿，个个喜气洋洋。沈德
潜以为这里的端午节除了划龙船还有庙会，便向身边一位老太太
打听："你们是去赶庙会还是去看龙舟？"

"你是外乡人吧？今天没有庙会，我们去看龙船。"老太太
答道。

　　乾隆等人随着人流来到深潭口，一看早已人山人海。河里有好多龙船在来回穿梭，水手奋力挥桨，踩艄人随着锣鼓的节奏忽站忽蹲，水从龙嘴里喷吐而出，围观的群众不时发出阵阵高呼。乾隆深受感染，觉得此地的龙舟竞渡别有特色。

　　正午时分，从四面八方汇来的龙船越来越多。"呜——"忽听得号角齐鸣，一艘别致的龙舟缓缓地从潭南樟树旁驶出，百姓呼声震天，掌声雷动。一位少年旗官将杏黄令旗左右挥动，河面上的众船顿时安静下来，依令旗指挥靠往一旁。乾隆见状问道："此乃何物？有如此之威！"身边一位老者告诉他："满天装，龙船王，其他龙船必须避让。"

　　龙船王巡游一周后，驶到水面中央。少年旗官将手中令旗"呼呼呼"上下连挥三下，停在水面的龙舟一行行排好，并相继举起自己的标志旗，舵手及操桨手均将划桨横架在船沿上。此时，龙船王上的一位长者站了起来，向前方的少年旗官一挥手，发出行航令。说时迟，那时快，两岸爆发出响彻天际的锣鼓声、鞭炮声、呼喊声，河面上的龙舟并头齐发，渐渐划出人们的视野。两岸的人们也慢慢安静下来，老人掏出了烟袋，少女忙着整理乱发，怀抱伢儿的小媳妇躲到树荫下给孩子喂奶。乾隆也松了松站酸了的脚脖子，沈德潜劝主子赶紧找个凉快的地方休息，乾隆却微笑着摇摇头说："不碍事，不碍事，别误了下面的好戏。"

君臣言谈之间，只听得远处隐隐传来阵阵激越的锣鼓声与呐喊声。这声音如钱江潮由远及近，一浪高过一浪，很快感染了岸上的观众，两岸人群不约而同地喊起来："蒋村加油！""五常加油！""黄龙加油！"整个深潭口沸腾了起来。

过了好一会儿，随着"咣——咣——"几声定音锣，龙舟竞渡画上了圆满的句号，来自各地的龙舟渐渐散去，岸上观看的人们也慢慢离去。这时有一个三十来岁的操桨手上岸喝水，乾隆问他："你是哪个村的？划龙舟很费力吧？"

"我是本地蒋村的，当然吃力，但很开心！各位客官，你们是外乡人吧，也赶来看龙舟赛？好看吧？"

"相当精彩！"乾隆对他说，"你们端午划龙船真是热闹非凡，远远胜过北方的庙会。"

"原来客官是北方人，到过京城吗？见着过皇上吗？"

"你真的很想见皇上？"乾隆笑道，"送你四个字——龙舟胜会。"

"好好，你是——"

"金口已开，别再多问。"沈德潜挡在乾隆前面，神情颇为严肃。

操桨手是个聪明人，望着乾隆等人远去的身影，忽然大叫："皇上，当今皇上！我见到真龙天子了！"

自此，"龙舟胜会"成了定名，蒋村一带龙舟的划桨上也均写有"龙舟胜会"四字。

五、满天装龙舟的来历

蒋村龙舟有赤膊龙舟、半天装龙舟、满天装龙舟、泼水龙舟等，其中要数满天装龙舟最为有名。

说起蒋村的满天装龙舟，可要追溯到百来年前深潭口村的蒋家斗。当时，蒋家斗有个大户人家，主人名叫蒋其高，家境殷实，乐善好施，热衷于村里的大小事务。

这一年将近端午，蒋其高闲来无事，与村里人聊天，聊得兴起，便提议造一只"彩龙船"。这时，河北埭上的有钱人蒋阿炎走过，听他们在说造彩龙船的事，挖苦道："凭你们也想造彩龙船？若能造出来，我就赤身裸体沿着蒋家斗爬一圈。"听蒋阿炎这样一说，蒋其高等人很是不服，决心要造出彩龙船，为蒋家斗人争一口气。他们召集起蒋家斗的十八户人家，商量造彩龙船的事，蒋其高说："我们蒋家斗十八户人家，有钱的出钱，有力的出力，不够的钱都由我来出，大不了把一年的收入都用来造彩龙船。"

于是，以蒋其高为首的十八户人家请来了船匠、石匠、木匠、漆匠、绣花匠、雕花匠、器谱匠、塑佛匠等八大匠，开始了轰轰烈烈、坎坎坷坷的造船工程。那时，整个余杭县只有和睦乡的云龙湾许家埭有条彩龙船，蒋其高就派人去许家埭取经。但许家埭人怕别人抢了他们的风头，不肯传授造船技艺。蒋其高等人只好和工匠们一起琢磨、设计。据说，当时为了设计彩龙船上的花样图案，光是青南瓜就用了好几百斤，每一个图案都先用南瓜雕刻出模型，大家一致认为好，再用木头雕刻。

彩龙船的船身是由当时义家埭的船匠蒋焕文打造的，两头稍尖，中间宽，像一条鳊鱼，非常稳。船上的花板是请三墩西行桥的杨士林雕刻的。旗帜上的刺绣有些是专程去苏州买来的苏绣，还有一些是杭州的一家绣花店绣的，是蒋家斗人自己设计的花纹。就这样省吃俭用整整两年，花了近万块银圆，在民国 16 年的端午节，蒋家斗的彩龙船终于造好了！

这天，蒋家斗举行了盛大的龙船下水仪式，彩龙船所到之处，无不引起轰动。此后每年端午期间，彩龙船都要下水划行，有时划得远了，就在外过夜。所到之处，村民都争着请彩龙船上的人到自己家吃饭、过夜，他们认为这会给自己带来好运。

整条彩龙船，前面雕有龙头，龙头下有一座石刻的牌楼，上书"蒋家斗龙舟胜会"，龙头上还立有一只金鸡，权当凤凰。龙头后面有一个手执会旗、背着"龙舟胜会"背包的太子，后有龙尾，龙尾上还挂了一条蜈蚣，为的是驱除百虫。龙船中间有三十九面旗帜，有帅旗、虎头旗、龙旗和三角旗，还有十三顶凉伞，其中三顶大凉伞直径一米左右，十顶小凉伞分列两边。有前后两座牌楼，中间有插虎头旗的架子，船中有一个香亭，内供老龙王，旁边还有一个抽收架，一抽一收之间，能看到四个小玩偶翻跟头，象征龙宫里的文艺活动。两边还插有十八件武器。龙舟上的花板，雕的是《封神榜》人物形象，这个故事在当时民间非常流行。

只可惜，当年打造的这条彩龙船在"文化大革命"期间被作为"四旧"拉到芦荡上烧掉了，据百姓说，那个龙头一直烧了两天两夜才烧完。

五、蒋村龙舟胜会的价值

端午节最主要的活动就是划龙舟，而蒋村的龙舟胜会更是一项求和谐、共欢乐、集人气、聚人心的传统民俗活动，具有显著的地域文化特征，被誉为『龙舟胜会』当属名副其实。

五、蒋村龙舟胜会的价值

[壹] 主要特征

端午节作为中国传统节日之一，大江南北、长城内外，可谓人人皆知。端午节最主要的一项活动就是划龙舟，而蒋村的龙舟竞渡更是一项求和谐、共欢乐、集人气、聚人心的传统民俗活动，具有显著的地域文化特征，被誉为"龙舟胜会"当属名副其实。

一、历史悠久，基础深厚

蒋村龙舟始于唐代，盛于南宋，清代被御封为"龙舟胜会"，是当地老百姓自发组织的传统民间娱乐活动，至今已有千年历史。龙舟胜会作为一项融祭神、纪念、问天、祈福、禳灾、竞技于一体的民间文化活动，深深扎根于广大劳动人民心中，年复一年，历久弥新，长盛不衰。

蒋村龙舟胜会的活动范围以蒋村为主体，在蒋村现有的两万余人中，上至七八十岁的老人，下至七八岁的小孩，几乎人人都会划几下，其中青壮年划手有五千多名。蒋村现有163条龙舟（2014年底统计数字），其中赤膊龙舟150条，半天装龙舟11条，满天装龙舟2条，以自然村为单位组建的龙舟队60多支。再加上

龙舟胜会（邵富瑛 摄）

周边的文新、古荡、三墩、留下等地的龙舟队，参与人数达 3 万之众。在西溪综合保护工程实施前，划龙舟都是人们自发组织的，每户人家轮流担任"龙船头"，做泥坝、请龙王、讨馂、胜漾、谢龙王、吃龙船酒……虽事务繁多而且没有报酬，但蒋村人一直就是这么自愿地、积极地参加着。蒋村龙舟胜会深厚的群众基础由此可见一斑。

二、造型多样，工艺精湛

蒋村龙舟种类众多，造型多样，其结构、装饰、音乐等均别具一格，在国内十分少见。蒋村的满天装龙舟和半天装龙舟作为彩龙舟，雕梁画栋，富丽堂皇，船身外部都绘有彩色图案，观赏性极强，被赞誉为"富丽堂皇满天装""彩旗飘飘半天装"。赤膊龙舟虽只有一个龙头和几面旗帜，其外形设计和龙头装配却也极为讲究，能够上下起伏、前后摆动、左右晃动，"龙王喝水""载泥坝""龙摆尾""龙王三点头"等经典绝活表演起来分外传神。

蒋村是江南水乡，家家户户都有船，民间有许多技术高超的船匠，对船的保养也有一套独到的方法。蒋村龙舟的保养一般选择在炎热干燥的夏天，分浸洗、晾晒、上油三步进行。

说蒋村龙舟制作工艺精湛，更多地体现在龙头、龙门、花板等的雕刻制作上。尤其是龙头，无论雕刻还是上色都有特殊的要求，堪称蒋村龙舟的点睛之笔。

三、划法独特，习俗鲜明

蒋村龙舟胜会既有重表演、重观赏的一面，又有百舟竞渡、勇争第一的一面。满天装龙舟、半天装龙舟不求速度，重在观赏。舟行河上，动作整齐，不紧不慢，闲庭信步，怡然自得。竞争最激烈的还数赤膊龙舟，但赤膊龙舟比的不仅是速度，更是哪家击桨整齐有力、上下翻飞，哪家踩艄姿态优美、动作协调，哪家龙头霸气有神、水花激扬，哪家龙嘴吐水吞浪、水流宏阔，如此等等，名目繁多。只是在两船并排之时，才会进行速度的较量。泼水龙舟的划法更为奇特。操桨手将桨抡向空中，划出一个个圆圈，

赛龙舟

借此把水泼向空中，甚至泼向观众，场面滑稽，引来看客欢声如雷，颇有龙舟小丑的味道。

　　端午节吃"五黄"、看龙舟是蒋村人最重要的习俗之一。这一天，蒋村家家裹粽子、吃粽子，户户门前挂艾叶、菖蒲、桃枝、大蒜、灰粽（毛灰做的），并在屋角、廊柱角、阴沟等处撒上石灰，以避邪气。还要吃"五黄"，即黄酒、黄鱼、黄瓜、黄鳝、咸鸭蛋中的蛋黄；妇女、小孩胸前挂香袋；新出嫁的女儿家，要备粽子、毛巾、扇子等送至男家，分发给亲友，俗称"赞节"。再加上从请龙王到谢龙王的整个过程中繁复而又不容马虎的程序和礼仪，构成了蒋村龙舟胜会及其衍生习俗的鲜明特色。

四、影响深远，精神彰显

　　蒋村龙舟胜会深厚的文化底蕴和广泛的群众基础，对蒋村后人产生了深远的影响。从农历四月廿四至五月十三的端午节期间，村民将划龙舟作为一项最为隆重而持久的民俗活动，历时千年而不衰。尤其是在端午节当天，蒋村及附近乡镇的数百条龙舟自发汇集到蒋村深潭口漾，参加被称为"胜漾"的龙舟竞渡。这一天，不论有多忙、离家有多远，蒋村人都会赶回家来参加这项传统活动；家家户户也会邀请亲朋好友来家里吃饭，看龙舟胜漾。这一天还是全村人和亲朋好友齐聚一堂的好日子，每当胜漾高潮来临，男人们奋力划船，女人们则招呼亲朋在岸上观看。这一天，两岸观看龙舟竞渡者可达两三万人之众，里三层外三层，赛者如驾云雾，看者如痴如醉。

　　龙舟精神是蒋村的瑰宝，是蒋村人引以为豪、自我勉励的精神支柱之一。龙舟竞渡，其表征是体育竞技和文化娱乐，其实质是奋勇拼搏、敢为人先的卓越精神，是爱国爱民、振兴中华

龙舟进水太多变"潜龙"

精彩瞬间

的忠诚信仰，是上下求索、不畏艰险的"屈原品格"，是团结协作、同心协力、同气共为、同频共振、同声共求的传统美德。

［贰］多元功能

　　蒋村龙舟胜会历史悠久、底蕴深厚，是一种多元的民俗文化，更有许多独特的功能。

一、团结凝聚功能

　　一直以来，每到端午，蒋村深潭口漾总是人山人海，万人争睹龙舟竞渡。平时，蒋村人忙碌奔波于农事、家事，没有机会走亲访友。端午节期间，蒋村迎来了一段农闲时光，为人们加强联络和交流、增进亲情和友情创造了机会。河上时而悠闲行进、时而激情逐浪的龙舟，恰似一条条多情的纽带，编织成大家交流情感的平台。每逢端午佳节，家家宾客盈门，认识的、不认识的都可以坐下来吃饭。正是这种凝聚力的常年累积，造就了蒋村人好客、友善、互帮互助、邻里团结的良好品质。

二、教育导向功能

中华大地划龙舟活动的兴起，源自对伟大爱国诗人屈原的敬爱和纪念；划龙舟活动长盛不衰的动力，来自对屈原的爱国主义情感的崇敬和弘扬。因此，龙舟胜会之所以能广为流传，其出发点在屈原，其落脚点则是屈原思想情感的核心——爱国主义。

爱国是中华民族的永恒主题，也是龙舟活动得以传承发展的永恒主题。如今，一年一度的龙舟文化艺术节，数万人观看龙舟竞渡，重温家乡风土，已成为蒋村规模最大的爱祖国、爱家乡的全民教育活动。传统的表现形式融于现代的生活方式之中，和谐社会的构建在此时此地此景中成为一幅完美翔实的画卷。

蒋村当地有"划龙舟体强庆丰年，观龙舟吉利保平安"的俗语。龙舟竞渡时，划手们只有齐心协力，才能使龙舟来往自如、起伏有韵，才能赢得观众的喝彩。这样一种求和谐、共欢乐、集人力、聚人心的民间传统娱乐活动，为我们倡导"求真务实，诚信和谐，开放图强"的浙江精神和"精致和谐，大气开放"的杭州人文精神提供了生动有效的载体。

蒋村龙舟

三、宣传推介功能

蒋村龙舟胜会，是蒋村街道挖掘旅游资源、发展旅游经济的核心所在。每年的龙舟文化艺术节，既可集中展示蒋村的民俗文化亮点、传统民俗习惯、当地特色餐饮，又可作为一项重要的旅游特色产品，弘扬西溪悠久的历史文化，推广西溪品牌形象，吸引旅游客源，提高西溪国家湿地公园的知名度和影响力。

四、发展促进功能

对蒋村龙舟胜会的传承和弘扬，能够最为行之有效地促进本地区现代服务业的发展，增加当地百姓的收入。蒋村龙舟胜会的影响力日益扩大，这一活动在促进中国乃至世界对西溪、对蒋村的了解的同时，也促进了中国乃至世界对蒋村的投资环境、招商资源的了解，必将推动蒋村各项事业的发展，为加快本地区发展奠定坚实的基础，注入永不枯竭的动力。

对外交流表演

村民争看龙舟

参加国际龙舟赛

六、蒋村龙舟胜会的保护与传承

龙舟胜会是蒋村非物质文化遗产的重要组成部分，是蒋村文化、湿地文化的精髓。无论是出于对蒋村龙舟胜会文化价值与功能的现实利用，还是出于对地方民俗与文化的保护，抑或是对蒋村人民群众情感与信仰的呵护与尊重，城市化背景下蒋村龙舟胜会的保护与传承都显得非常重要。

六、蒋村龙舟胜会的保护与传承

［壹］城市化对蒋村龙舟胜会传承的冲击

　　西溪湿地综合保护工程项目大规模征地拆迁之前，蒋村人一直承袭着渔耕生活，船是蒋村百姓的必备交通工具之一，几乎家家户户都有船，有的人家甚至有两三条，在蒋村几乎找不到不会划船的人。随着大规模的征地拆迁和城市化的快速推进，蒋村人搬进了安置公寓，工作、生活环境发生了颠覆性的变化。西溪湿地建成公园后，村民再也不能到河里去游泳了，蒋村新生代绝大多数已是"旱鸭子"，既会划船又会游泳的年轻人越来越少了，有些自然村（蒋村龙舟以自然村或村民小组为单位）甚至出现了连划一条龙舟的人都凑不齐的情况。另外，蒋村龙舟的避艄、踩艄、乐手等岗位要求较高，如今能够胜任的人逐渐减少。更令人担忧的是，会雕刻龙头、打造船只的工匠在蒋村只剩寥寥几人，且后继乏人。龙舟上的旗帜、围幔、刺绣，在蒋村乃至杭州已无人能做，要到苏州、绍兴、丽水等地求做。

　　除了"龙舟人才"逐渐减少外，蒋村龙舟胜会赖以传承的其他基础性条件也面临着城市化的冲击，对千百年来蒋村人乐此不疲的讨馔和胜漾来说尤其如此。蒋村划龙舟因村民祈盼远离水患、风调雨顺、五谷丰登而兴起，因蒋村独特的水乡环境而盛行并富有特色。讨馔时，龙舟每到一处，锣鼓声响起，便会吸引村民争相观看，此时的龙舟是唯一的焦点，在家人和亲朋好友的助威下，龙舟表演自然是卖力而又出彩。讨馔的生命力还在于和岸上亲朋好友的互动，因为亲朋好友会拿出许多馔品，龙舟也会燃放爆竹、发出请帖以示感谢。满载的馔品让讨馔之旅充满乐趣和成就感。

龙舟文化深植民间

胜漾是蒋村龙舟的"华山论剑"，各路龙舟奋力弄潮，取悦观众，只因观众也多是自家人，深潭口漾就是蒋村人自己的地盘。这就是蒋村龙舟胜会千百年盛行不衰的物质基础和情感基础。随着蒋村人整体搬离深潭口、住进现代化小区，蒋村人的生活观念、生活习惯在不断发生变化。现代化的小区里没有了可以划龙舟的四通八达的河港，没有了七大姑八大姨所在的小村庄，没有了对水患的担忧，深潭口也不再是自家的地盘，变成了国家公园的一部分。吃龙船酒原本是全村人的狂欢派对，如今却面临缺乏场地的问题，有时甚至只能在马路上进行。这些都使蒋村龙舟胜会传承的物质基础和情感基础发生了根本性的动摇。蒋村人，尤其是年轻一代，对划龙舟已经不再那么热衷了。

龙舟胜会是蒋村非物质文化遗产的重要组成部分，是蒋村文化、湿地文化的精髓。无论是出于对蒋村龙舟胜会文化价值与功能的现实利用，还是出于对地方民俗与文化的保护，抑或是对蒋村人民群众情感与信仰的呵护与尊重，城市化背景下蒋村龙舟胜会的保护与传承都显得非常重要。

[贰]蒋村龙舟胜会传承人

一、蒋子林

文化传承的核心在人，蒋村龙舟胜会传承的核心也在于传承人。随着时代的变迁、城市化的发展，蒋村年轻一代对龙舟胜会

为龙头点睛

的热情有所减退，龙舟胜会的传承遇到了前所未有的挑战。

　　提到蒋村龙舟胜会的传承，不能不提一个人，那就是蒋子林。蒋子林在孩提时代就很喜欢看龙舟表演，稍大一些，他就学着用南瓜雕刻龙头。八岁时，他整天围着木匠师傅朝海（东阳人，曾在本地区雕刻龙头）转，看他现场雕刻龙头，从开工直至完工，小子林把每个步骤都看得清楚、记得仔细。他十五岁自学木匠技艺，制作小家具，雕刻玩具，十七岁便雕出了村里第一个龙头，受到了村中长辈的好评，名声从此传扬开来。以蒋子林为代表的雕刻工匠们还设计出了具有蒋村特色的龙头。每年蒋子林总要受邀雕刻一至三个龙头。

改革开放后，蒋村龙舟活动逐渐活跃起来。从农历四月廿四到端午节，各自然村由小队长分工筹备材料，蒋子林带着三个儿子日夜雕刻龙头。

如今，蒋村的龙舟习俗仍然保留着，但会雕刻龙头的师傅已经很少，而且极少有人愿意去学这门手艺。调查显示，蒋村现在只有三个人会雕刻龙头，且年龄都在六十岁以上，传承情况不容乐观。值得庆幸的是，目前蒋子林已觅得龙头雕刻技艺继承者——蒋华本，并将相关技巧传授给了蒋华本。

除了雕刻龙头以外，蒋子林还精通有关龙舟胜会的所有祭祀仪式及划龙舟的技术要领。每年的祭龙王仪式，蒋子林都是主祭

蒋子林传授雕刻技艺

人。他还精通满天装龙舟和半天装龙舟的设计、制作、拼装工作，当地凡有打造满天装龙舟的，必请蒋子林指导监工。蒋子林于2000年退休后，为蒋村龙舟胜会的传承与发展尽心尽力。目前，蒋华本已能独立设计、雕刻龙头，并学会了给龙头上漆上色。西溪国家湿地公园内的龙舟陈列馆中的龙舟，就是蒋子林师徒一起制作的。

二、吕瑞鑫

吕瑞鑫家住龙舟胜会发源地——深潭口，家族世代打船，吕瑞鑫十六岁开始跟着爷爷、父亲学打船，至今已有四十多年了，打造了不计其数的满天装龙舟、半天装龙舟、凤船、西湖手划船、西溪摇橹船、农家家用木船等。

打造小划船是一项技术与艺术相结合的民间手工技艺，讲求船形弧度的精准、船两侧的对称性等。过去蒋村的主要交通工具就是船，各个自然村之间"无

吕瑞鑫

船不能达"，因此船的作用非常大，使用率非常高，家家户户都要请人打造小划船，船匠的生意非常红火。随着时代的发展，小船逐步淡出蒋村人的生活。吕瑞鑫现在主要在西溪湿地维修船只，端午节期间也打造龙船。老吕有一个心病——至今没收到徒弟，他十分希望能有人来接他的班，把他这一身造船的本事传承下去。

[叁] 蒋村龙舟协会和龙舟团队

进入 21 世纪，随着西溪湿地综合保护工程的实施，为实现区委、区政府创文化大区的目标要求，同时也为传承和保护已有千年历史的民俗文化，组织各社区（村）之间开展龙舟联赛，加强与其他乡镇之间的交流，举办国内外的龙舟赛事，提高蒋村龙舟胜会的知名度，成立龙舟协会，已是势在必行。

2005 年 4 月，龙舟协会在邵富瑛、吴阿吾、沈水良、杨荣林、李国强等五个发起人的倡议下，首先成立了以赵梨萍为组长，吴阿吾为副组长，俞雪春、杨荣林、许贤根、邵富瑛、李国强、沈水良为组员的协会筹备工作小组，全面负责具体的筹备工作。蒋村乡党委、人大、政府对成立龙舟协会十分重视，把它列入当年政府工作的议事日程。乡主要领导亲自把关，分管副乡长亲自抓，在乡长办公会议上多次讨论研究。在筹备过程中，还得到了西湖区文体局、民政局及其他有关部门的大力支持，在办理相关手续时也得到了帮助。

　　整个筹备工作历时六个月，先后起草拟定了《关于要求筹建杭州市西湖区蒋村龙舟协会的申请》《杭州市西湖区蒋村龙舟协会章程》，填报办理了《筹备成立社会团体申请表》，涉及区文体局、民政局等部门。协会是由各村、企事业单位的龙舟爱好者自愿组合、自我约束、自我管理、自我发展的地方性、专业性和非营利性的社会组织，接受西湖区文体局、西湖区民政局的业务指导和监督管理。

　　2005 年 11 月 1 日，西溪国家湿地公园大樟树下格外热闹，一百多位专家学者、龙舟好手汇集在龙舟胜会发源地，隆重举行杭州市西湖区蒋村龙舟协会成立大会暨第一次会员大会，吹起了蒋村龙舟重新扬帆的号角。这是蒋村乡文化体育事业发展中期盼

蒋村龙舟协会成立仪式

已久的大事。协会成立得到了省、市、区各级体育局的重视，区委宣传部、文广新局、民政局、乡三套班子等有关领导和著名专家林正秋、钱明锵等也参加了成立大会。

龙舟协会成立后，从宣传、普及、传承、创新等方面入手，在青少年中加强龙舟文化宣传，选派有经验的老队员对青少年运动员进行各方面的专业培训。同时，引进先进的竞赛管理模式，提高龙舟竞赛技术，使龙舟运动在保持民族传统的基础上，增加激烈竞争的元素，使龙舟运动更具吸引力，把龙舟胜会办成集经贸、旅游、文化为一体的、具有地方特色的、独具品牌的大型活动。

蒋村龙舟参加杭州世界休闲博览会

另外，为了宏扬和展示龙舟文化，龙舟协会坚持"两条腿走路"，实现竞技与传统同步发展，组建了龙舟竞技队。龙舟竞技队从蒋村的青壮年中挑选人才，聘请教练，定期训练，参与国内外的赛事，让蒋村龙舟发扬光大，走向世界。多年来，蒋村龙舟队先后参加了 1987 年的"杭州西湖国际游船节"龙舟表演赛、1993 年在北京举办的全国龙舟邀请赛、2000 年在四川绵阳举办的全国农运会龙舟比赛、2002 年在湖南长沙举办的国际龙舟精英赛、2003 年的新西湖开湖仪式、2004 年西溪国家湿地公园的开园表演、2006 年杭州世界休闲博览会开幕式和分会场的表演、2007 年新安江农民龙舟邀请赛、2008 年西溪湿地国际龙舟邀请赛、2009 年成都国

蒋村龙舟参加新西湖开湖仪式

际非遗节龙舟邀请赛等。2012 年参加在新安江举行的杭州市首届体育大会龙舟赛，获得 800 米第二名、500 米第三名的好成绩。2013 年，蒋村满天装龙舟受国家体育总局邀请，参加在广东佛山举行的中华龙舟节，给人们留下了深刻的印象，进一步提高了蒋村龙舟的知名度。

[肆] 新时期蒋村龙舟胜会的保护与传承

在西溪国家湿地公园建成和蒋村城市化快速推进的新时期，如何保护和传承蒋村龙舟胜会，这是一个新课题。蒋村人在保护中探索，在探索中传承，取得了初步成效。

一是每年举办龙舟胜会，传承发扬龙舟文化。以深潭口胜漾为核心的蒋村龙舟竞渡（蒋村龙舟文化节）活动年年举办，而且努力做到年年有新意。如 2007 年与西溪湿地二期开园相结合，2008 年与地震赈灾相结合，2009 年与省文明办共同举办"我们的节日·端午——蒋村龙舟胜会"，2012 年端午节期间举办了为期一周的龙舟文化节，扩大了蒋村龙舟文化的影响力和知名度。

二是申报各级项目，争取资金，扩大影响力。2004 年 3 月，杭州市开展首批民间文化艺术资源保护项目的普查，蒋村乡抓住契机，申报成功，为蒋村龙舟胜会保护工作提供了经费上的保障。2005 年 7 月，由蒋村街道文化站具体办理浙江省民族民间艺术之乡和浙江省非物质文化遗产项目申报工作。2006 年，蒋村被省文

"我们的节日"蒋村端午龙舟胜会开幕式

化厅命名为"浙江省民间艺术之乡（龙舟）"，蒋村龙舟被列为浙江省非物质文化遗产保护项目。2007年，在浙江省民间艺术之乡的基础上，申报中国民间艺术之乡，于2008年9月被文化部授予"中国民间艺术之乡（龙舟）"的称号。此项荣誉的获得，增加了蒋村人民的自豪感与自信心。2009年，申报国家级非物质文化遗产项目，蒋村龙舟胜会于2011年被列入第三批国家级非物质文化遗产名录。2011年，中国民间艺术之乡复评，蒋村街道再次当选。

三是成立龙舟协会，把保护工作落到实处。蒋村龙舟胜会虽说是一项群众自发活动，但随着社会的发展，老百姓的热情有所

蒋村龙舟在西湖区九运会上

下降。为了发挥民间团体传承民间文化的作用，使蒋村龙舟文化得到有效传承，2005年，当时的蒋村乡政府牵头成立了蒋村龙舟协会。通过团结广大龙舟爱好者，积极宣传龙舟文化、开展龙舟运动、提高龙舟水平、维护会员权益、开展龙舟交流等，坚持开展健康有益、内容丰富、形式新颖、贴近群众的活动，激发了广大会员和龙舟爱好者的参与热情。

四是围绕龙舟胜会开展活动，宣传龙舟文化。首先是拍摄了一部关于龙舟胜会的电视专题片。由于西溪湿地综合保护工程的建设，龙舟胜会主场地深潭口漾周围的村民都已外迁，原汁原味、民间自发的龙舟胜会的场景将不复存在。2004年端午节，政府聘请电视台专业人员拍摄了龙舟胜会的盛景，为蒋村龙舟保存了一段历史，留下了一段记忆。其次是开展"弘扬龙舟文化、建设和谐发展新蒋村"大讨论活动。随着城市化进程的推进，蒋村龙舟文化有了新内涵。2005年6月至7月，蒋村乡党委和政府围绕"生态立乡、旅游名乡、富裕文明之乡"和城西和谐发展示范区的建设，在全乡范围内就龙舟文化的内涵、重要性、必要性等问题展开大讨论，使龙舟文化、龙舟精神深入人心。再次是成立龙舟陈列馆。蒋村龙舟陈列馆位于西溪国家湿地公园二期河渚街，内有四大类蒋村龙舟模型，还不间断播放龙舟竞渡的实况，向游客展示蒋村龙舟胜会。

西溪船拳与蒋村龙舟同时表演

五是搜集、整理龙舟胜会有关资料。由蒋村街道文化站牵头，邀请有关专家和热心龙舟文化的当地百姓在深入调查、采编、挖掘、整理民间龙舟文化资料的基础上，对蒋村龙舟胜会的起源、发展、特点进行图片与文字的诠释，把当地老百姓口头流传的关于龙舟胜会的民间故事记录成文。

在今后一段时间里，蒋村人还要着重从以下几个方面做好新时期龙舟胜会的保护与传承工作。

一是要保护群众参加龙舟胜会的积极性。充分调动群众积极性，不仅在物质方面要有保障，还要让龙舟进出深潭口更方便。端午节全面开放龙舟场地，保持当年龙舟胜会的气势，使端午划龙舟的习俗代代相传。

二是要引导广大青少年传承龙舟文化。老一辈要鼓励青少年学划船、学游泳，熟悉船性，这是划龙舟的基本技能。同时，指导青少年请龙王、筑泥坝，学会各类龙舟的安装和保存技艺。还要向广大青少年普及端午节的民间风俗习惯。这些内容可与中小学生的乡土教材和课外活动相结合。

三是要建好全街道各自然村的龙舟存放点。龙舟存放也非常重要。在湿地开发初期，好几个自然村的半天装龙舟彩旗被盗，木桨遗失，龙舟数量逐年减少。赤膊龙舟也要有船桨、响器、龙头等物件的存放点。建好龙舟存放点是保护、传承龙舟文化的硬件建设。

龙舟运送

四是要充分发挥龙舟协会的作用。龙舟协会是保护、传承龙舟
文化的载体，要让更多懂得龙舟文化的群众参与传承与保护，让龙
舟胜会的活动方案通过协会会员传递到全街道居民群众中去。

五是要大张旗鼓地宣传蒋村龙舟胜会。要通过新闻媒体，更
多地宣传报道蒋村龙舟胜会。平时通过参加全国各地的龙舟比赛等
方式来扩大蒋村龙舟的知名度，让蒋村龙舟胜会发扬光大，世代
传承。

后记

　　搜集和保护蒋村龙舟胜会文化遗产，宣传和弘扬蒋村龙舟胜会文化，整理、研究、传承、发展蒋村龙舟胜会，是参与本书编撰工作的全体人员的共同心声和不变信念。虽历时数年之久，发起编撰的领导和参与编撰的同人有许多也因工作调动而离开蒋村，但此心此念一以贯之，接力棒从未放手。直至今日，终于成书，并被列入"浙江省非物质文化遗产代表作丛书"。

　　端午节"龙舟胜会"自古以来一直在蒋村深潭口漾按旧俗开展，就连方圆一二十里外其他乡村的各种龙舟也都蜂拥前来深潭口，进行叫作"胜漾"的龙舟竞渡。龙舟胜会是蒋村文化的精髓，是蒋村人的骄傲。蒋村人对龙舟胜会的感情是深入到血液中的。无论是省级、国家级非物质文化遗产代表性项目的申报，还是中国民间艺术之乡的申报，抑或大量的展示、交流和表演活动，龙舟胜会为蒋村带来了荣誉和知名度，给蒋村人带来了欢乐和启迪。每一个蒋村人也要为记录、整理、弘扬蒋村龙舟胜会尽一份责任。若能以自己的微薄之力，使蒋村龙舟胜会一代又一代地传承下去，并且发扬光大，实乃幸莫大焉！这也正是我们编撰本书时始终怀揣的真情实感。

本书的形成过程并非简单的撰写过程，而是一个海量资料的搜集和整理过程，是一个对众多龙舟胜会传人、民俗文化传人和其他蒋村传人的走访、挖掘过程，是一个对龙舟和龙舟胜会进行系统研究和论述的过程。在以蒋子林、吕瑞鑫、沈庆漾等为代表的龙舟胜会传人毫无保留的倾囊相授和毫不懈怠的来回奔波中，在编撰团队全体成员无数次充满激情的交流、探讨、思辨和研究中，本书在理论论述和知识体系上得到了不断的提升和完善。这也正是我们编撰本书时始终盈溢的丰收感悟。

尽管全体编撰人员可谓呕心沥血，书稿也历经无数次各种形式的研讨、审稿和校对，但疏误之处仍然在所难免，恳请读者批评指正。此外，为便于说明，本书有个别图片来自公开媒体，若存在事先未及时征求原作者意见的情况，还请谅解。

最后，感谢为本书编撰劳心劳力的每一个人。感谢浙江省民俗专家、浙江大学教授吕洪年先生对本书的认真审阅。他认为蒋村深潭口是周围乡村龙舟竞渡的中心，是同根同源的民俗事象；

湿地公园的分域、分期建设造成蒋村与五常的分岔，但本书仍不失其"渊源"的风貌。我们期待本书的出版能激发更多的蒋村人参与到搜集和保护蒋村龙舟胜会遗产、宣传和弘扬蒋村龙舟胜会的活动中来，进一步挖掘整理出更加丰富而鲜活的龙舟胜会资料，以便在可期盼的将来使本书更加完善。

编著者

2016 年 10 月

责任编辑：张　宇

装帧设计：薛　蔚

责任校对：王　莉

责任印制：朱圣学

装帧顾问：张　望

图书在版编目（ＣＩＰ）数据

蒋村龙舟胜会 / 胡志刚, 韩斌, 阮有祥编著. —— 杭
州：浙江摄影出版社, 2016.12（2023.1重印）
　（浙江省非物质文化遗产代表作丛书 / 金兴盛主编）
ISBN 978-7-5514-1665-8

　Ⅰ.①蒋… Ⅱ.①胡… ②韩… ③阮… Ⅲ.①龙舟竞
赛—介绍—杭州 Ⅳ.①G852.9

中国版本图书馆CIP数据核字(2016)第311014号

蒋村龙舟胜会

胡志刚　韩斌　阮有祥　编著

全国百佳图书出版单位
浙江摄影出版社出版发行
　　　地址：杭州市体育场路347号
　　　邮编：310006
　　　网址：www.photo.zjcb.com
制版：浙江新华图文制作有限公司
印刷：廊坊市印艺阁数字科技有限公司
开本：960mm×1270mm　1/32
印张：5.5
2016年12月第1版　　2023年1月第2次印刷
ISBN 978-7-5514-1665-8
定价：44.00元